DAS KONSTANZER KONZIL

Eine kleine Geschichte

Kleine Geschichte

Daniel Gaschick · Christian Würtz

Das Konstanzer Konzil

Eine kleine Geschichte

Der Kleine Buch Verlag

Erschienen in der Reihe:
»Regionalgeschichte – fundiert und kompakt«

Einbandabbildung:
Herzog Friedrich IV. verhilft Johannes XXIII. zur Flucht vom Konzil aus Konstanz.

Abbildungsnachweis:
akg-images: S. 19, 75, 83
akg / historic-maps: S. 109
Burgerbibliothek Bern, Foto: Codices Electronici AG, www.e-codices.ch: Einbandabbildung (Mss.h.h.I.1, p. 336), S. 24 (Mss.h.h.I.16, p. 579), 74 (Mss.h.h.I.1, p. 372)
Generallandesarchiv Karlsruhe: S. 60 (Sign. Nr. 445 [Siegel])
Dietrich Krieger, Wikipedia Commons, lizenziert unter CreativeCommons-Lizenz BY-SA 3.0: S. 124
Marie-Lan Nguyen, Wikipedia Commons, lizenziert unter Creative-Commons-Lizenz BY 2.0 FR: S. 90
Universitätsbibliothek Freiburg i. Br. / Historische Sammlungen: S. 55 (Sign. Frei 164: StP KG 134-2/3), 102 (Sign. M 1264-1)

www.derkleinebuchverlag.de

Lektorat: Dr. Birgit Wüller, Stuttgart
Karten: Ralf Paucke, Vaihingen/Enz
Satz und Umschlaggestaltung: post scriptum, www.post-scriptum.biz
Druck: Orga-Concept e. K., Filderstadt

ISBN 978-3-7650-8449-2

Inhaltsverzeichnis

Vorwort

Wer heute in die Stadt Konstanz kommt, kann auf Schritt und Tritt dem Konzil begegnen, das vor rund 600 Jahren, von 1414 bis 1418, in ihren Mauern stattfand. Viele Gebäude aus dieser Zeit stehen noch, nicht zuletzt das Münster und das Kaufhaus, das ob der darin stattgefundenen Papstwahl bis heute Konzil genannt wird. Viele Denkmäler erinnern an berühmte Besucher und an tragische Schicksale.

»Konstanz« und »Konzil« – die phonetische Ähnlichkeit von Stadtnamen und kirchlichem Fachbegriff erweist sich als treffende Fügung der Sprachentwicklung, um den Kern dieser wohl bedeutendsten Kirchenversammlung nördlich der Alpen aufzuspüren. Denn Konstanz war nicht nur Gastgeber für ein Konzil unter vielen mit all seinen weltlichen Begleiterscheinungen. Es war auch nicht allein eine Zusammenkunft zum Zwecke der Verurteilung und Verbrennung des Jan Hus, so berechtigt der Schatten ist, der von dort her auf das Konzil fällt. Vielmehr hat sich in der Bodenseestadt stärker als an allen anderen Konzilsorten der Kirchengeschichte – ob sie Nicäa, Konstantinopel, Rom oder Trient heißen – das Konzil selbst zum Thema gemacht. Konstanz, das war vor allem ein Konzil über das Konzil. Hier wurde gerungen um das richtige »Repräsentieren« der Kirche, um das Verhältnis von Bischofsversammlung und Papst und um einen regelmäßigen Turnus, in dem ein Konzil zusammenkommen solle. Hier erwies sich ein Konzil als einziges Gremium, das in vereinten Kräften mit der weltlichen Macht die große Krise des abendländischen Schismas zu beenden vermochte. Wegen dieser Leistungen gebührt der Stadt Konstanz eine herausragende Stellung in der Topographie christlicher Erinnerungsorte. Hier ist der geeignete Ort – und das Konzilsjubiläum 2014–2018 ist die besonders geeignete Zeit –, an die konziliare Tradition in der europäischen und insbesondere in der kirchlichen Geschichte zu erinnern.

Mit dem vorliegenden Buch möchten wir einen Überblick über die Hintergründe, Ereignisse und Auswirkungen des Konzils geben wie auch über den Alltag in der Stadt und die Verankerung in der südwestdeutschen Region. Wir hoffen, dass es uns gelungen ist, eine aufschlussreiche und kurzweilige *Kleine Geschichte* dieses großen Ereignisses zu schreiben. Herzlich danken wir an dieser Stelle Frau Julia Prus vom Verlag für die gute Betreuung und Frau Birgit Wüller für das gründliche Lektorieren des Manuskripts.

Daniel Gaschick und Christian Würtz
Freiburg / Gengenbach, im Frühjahr 2014

Die Vorgeschichte

Im Jahr 1377 sah es zunächst gut aus für die Kirche. Papst Gregor XI. war aus Avignon, wo die Päpste nahezu 70 Jahre residiert und unter dem Einfluss der französischen Könige gestanden hatten, wieder nach Rom zurückgekehrt. Doch schon im folgenden Jahr starb der Papst. Nun standen sich zwei Parteien gegenüber: die eine wollte, dass der nächste Papst nach Avignon zurückkehre, während die andere, die von den Römern massiv unterstützt wurde, den neuen Papst selbstredend wieder in Rom sehen wollte.

Nach einer von Tumulten und Demonstrationen des römischen Volkes begleiteten Wahl ging der Erzbischof von Bari Bartolomeo Prignano als neuer Papst aus dem Konklave hervor. Er nannte sich fortan Urban VI. Galt er vor der Wahl als bescheiden, gelehrt und tatkräftig, so berichten die Quellen, dass er nach seiner Wahl einen jähzornigen und gewalttätigen Charakter offenbarte, der an Irrsinn grenzte.

Papst Urban VI.

Vorerst bestanden keine Zweifel an der Rechtmäßigkeit der Wahl; die Kardinäle ließen sie vielmehr als kanonisch, also mit dem Kirchenrecht übereinstimmend, verkünden. Doch bald schon wandten sie sich vom neuen Papst ab. Ende Mai zogen die französischen Kardinäle, welche die Mehrheit des Kardinalskollegiums stellten, nach Anagni. Dort erklärten sie im Juli die Wahl Urbans für nichtig. Sie sei unter Drohung erfolgt und daher nicht frei gewesen. Dabei konnten sie auf die politische Unterstützung Frankreichs zählen.

Am 21. September 1378 wählten die Kardinäle Graf Robert von Genf zum neuen Papst, der sich nun Clemens VII. nannte. Damit war das Schisma perfekt. Es gab nun zwei Päpste, die beide von sich behaupteten, jeweils der wahre Papst zu sein; aber nur einer von beiden konnte Recht haben.

Schisma

Das griechische Wort »Schisma« bedeutet Trennung, Spaltung. Konkret bezeichnet es die sichtbare Spaltung einer Glaubensgemeinschaft in zwei neue Gruppen.

Die Kirchengeschichte ist von Anfang an reich an Schismen. 1054 kam es zur Trennung zwischen der orthodoxen und der lateinischen Kirche und damit zur Aufhebung der Einheit der Kirche. Diese Spaltung wird morgenländisches Schisma genannt.

Im Unterschied dazu wird die Spaltung in den Jahren zwischen 1378 und 1417 als großes abendländisches Schisma bezeichnet.

Urban VI., der nun von einem großen Teil seiner Kurie verlassen worden war, ernannte an einem einzigen Tag 20 neue Kardinäle, vor allem Neapolitaner und Römer. Zugleich exkommunizierte er seine Gegner einschließlich Robert von Genf.

In den folgenden Wochen entschieden sich viele Fürsten – geistliche wie weltliche – für den einen oder den anderen Papst. Dabei hing die Entscheidung nicht immer von der Beurteilung der Rechtmäßigkeit der Wahl und der Gegenwahl ab, sondern oftmals auch von politischen Umständen.

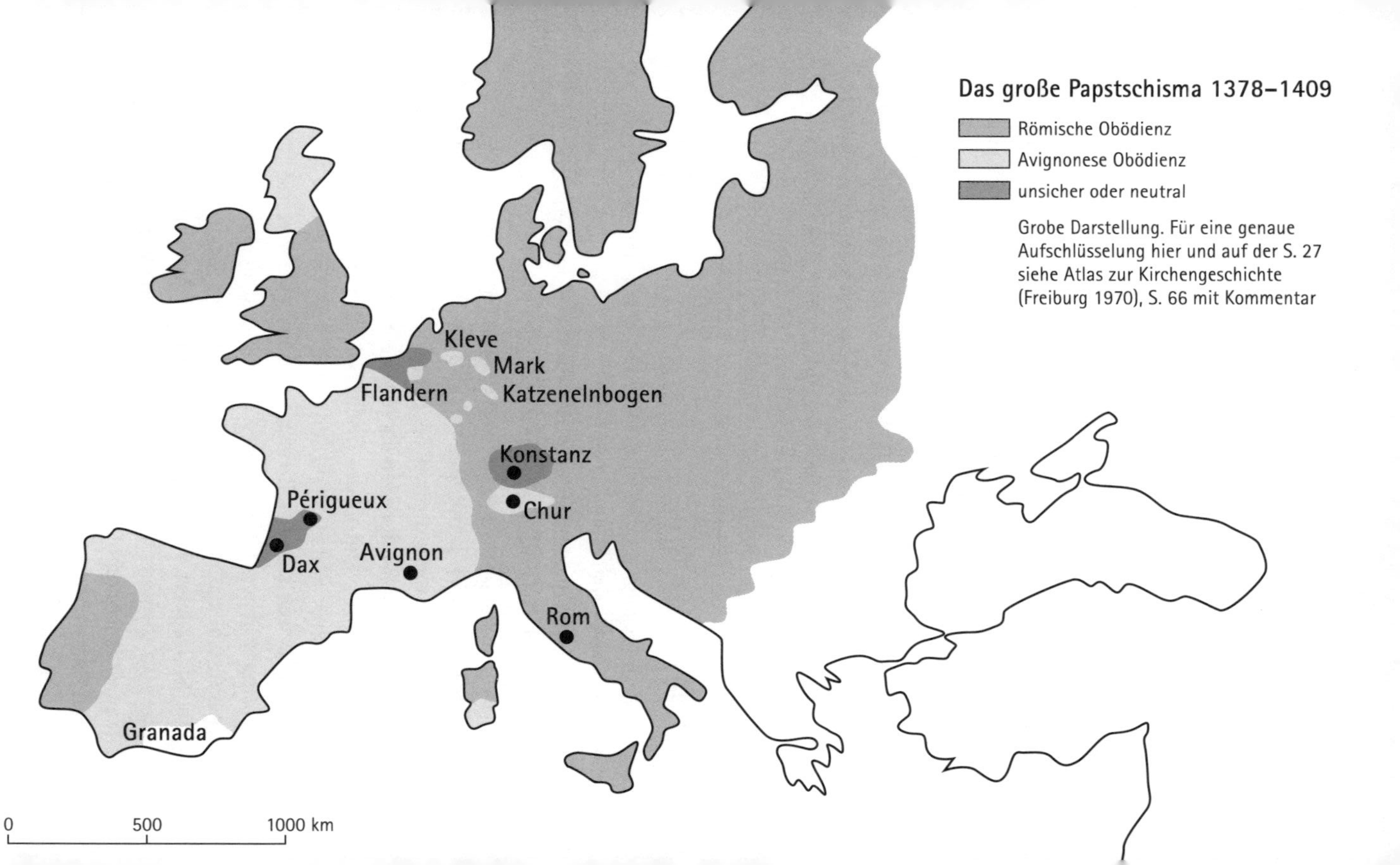
Das große Papstschisma 1378–1409
Römische Obödienz
Avignonese Obödienz
unsicher oder neutral
Grobe Darstellung. Für eine genaue Aufschlüsselung hier und auf der S. 27 siehe Atlas zur Kirchengeschichte (Freiburg 1970), S. 66 mit Kommentar
Kleve
Mark
Flandern
Katzenelnbogen
Konstanz
Chur
Périgueux
Dax
Avignon
Rom
Granada
0
500
1000 km

Nachdem Frankreich Clemens anerkannt hatte, schlug sich England, das mit Frankreich im sogenannten Hundertjährigen Krieg lag, auf die Seite Urbans VI. Daraufhin ergriff Schottland wiederum für Clemens Partei, ebenso wie Savoyen, Spanien und Neapel. Urban hingegen konnte auf das Deutsche Reich sowie auf Polen, Ungarn, Flandern und das nördliche Italien bauen. Dadurch bildeten sich zwei Obödienzen (von lateinisch *oboedentia* – Gehorsam) aus. Dies hatte nicht nur für die oberste Kirchenleitung Bedeutung, vielmehr ging der Riss durch die ganze Kirche, von der Kurie über die Kardinäle und Bischöfe bis hin zu den Pfarreien. So gab es beispielsweise in der Diözese Konstanz zwischen 1384 und 1409 jeweils zwei Bischöfe, die für sich in Anspruch nahmen, der rechtmäßige Ortsbischof zu sein.

Schisma vor Ort

Das ehemalige Bistum Konstanz, das große Teile des heutigen Südwestdeutschland abdeckte, ist ein kennzeichnendes Beispiel für die Auswirkung des Papstschismas vor Ort. Zu Beginn der Trennung orientierte sich der Konstanzer Bischof Heinrich von Brandis nach Avignon, sodass sich der römische Papst Urban VI. genötigt sah, mit dem Bonner Probst Nikolaus von Riesenburg einen Gegenbischof zu ernennen. Dieser gewann in den folgenden Jahren mehr und mehr Anhänger am Bodensee und in der Bischofsstadt, während die »Klementisten« die Stadt verlassen mussten. Als Reaktion darauf entwickelten sich der Breisgau und insbesondere die Stadt Freiburg in den 1380er Jahren zur Außenstelle Avignons.
Auch so bedeutende Klöster wie St. Blasien, Säckingen, St. Peter, St. Trudpert, Tennenbach, Sulzburg und Wonnental hielten treu zu Clemens VII. Der Umzug des avignonesischen Konstanzer Bischofshofs machte Freiburg gar kurzzeitig zu einem Bischofssitz, ohne dass allerdings der nominelle Bischof je

seine Zelte hier aufschlug, denn der 1387 ernannte Heinrich Bayler zog es vor, in Avignon zu bleiben und die Verteidigung seiner Ansprüche auf die Diözese Konstanz einem Generalvikar, einem Offizial und einem Weihbischof in Freiburg zu überlassen. Hin und wieder sandte er an die Stadt ein Lob für deren Standhaftigkeit. Wie stark die Isolierung war, zeigt die schriftliche Bitte des Basler Bürgermeisters vom 31. Oktober 1405, die Freiburger mögen doch einen Bogen um seine Stadt machen, da nach einem neuen Erlass des Konstanzer Bischofs jeder mit einem dreitägigen Gottesdienstentzug rechnen müsste, der Anhänger Avignons aufnähme. Immerhin bewahrte sich Freiburg aus dieser harten Zeit das Privileg, in seinen Mauern einen bischöflichen Offizial zu beherbergen.

In den folgenden Jahren kam es gar zu kriegerischen Auseinandersetzungen zwischen den Parteien der beiden Päpste, die vor allem mit Söldnerbanden geführt wurden. Aber keiner konnte die Kämpfe klar für sich entscheiden. Während Clemens nach Avignon zurückkehrte, konnte sich Urban – mit Unterbrechungen – in Rom halten. Er führte ein grausames Regiment, das wesentlich vom Gedanken des Hasses gegen seine Gegner und der irdischen Herrschaft geleitet war. Selbst vor der Ermordung eigener Kardinäle schreckte er nicht zurück. Als Urban 1389 in Rom starb, war das Ansehen des Papsttums auf einem neuen Tiefpunkt angelangt.

Sein Nachfolger wurde der 30-jährige Kardinal Pietro Tomacelli, der als Bonifaz IX. den päpstlichen Thron bestieg und sich durch eine ungeheure Habgier auswies. Als sein Widerpart Clemens VII. 1394 in Avignon starb, tat sich für einen Augenblick die Chance für ein Ende des Schismas auf. Die Pariser Universität bemühte sich, die avignonesischen Kardinäle von der Wahl eines Nachfolgers zurückzuhalten, doch die Gelehrten hatten keinen Erfolg, und schon zehn Tage nach dem Tod Clemens'

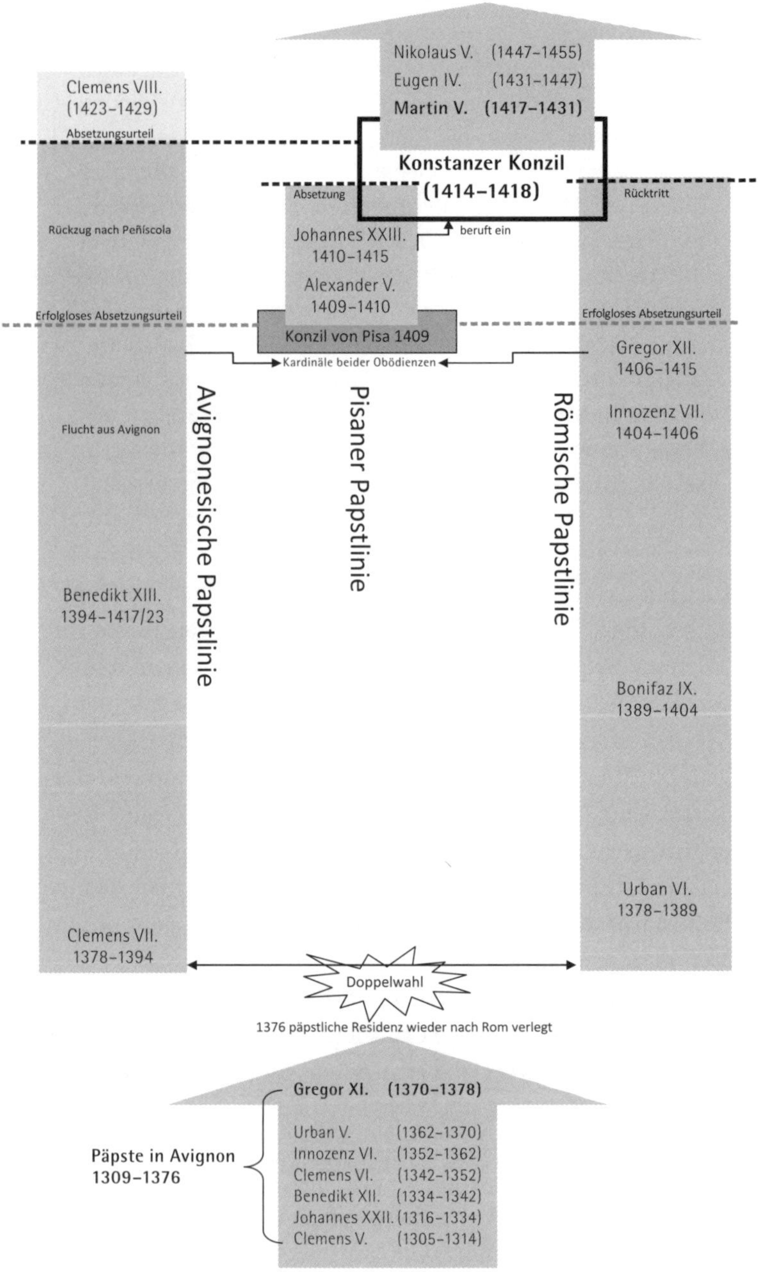
Nikolaus V. (1447–1455)
Eugen IV. (1431–1447)
Martin V. (1417–1431)
Clemens VIII. (1423–1429)
Absetzungsurteil
Konstanzer Konzil (1414–1418)
Absetzung
Rücktritt
Rückzug nach Peñíscola
Johannes XXIII. 1410–1415
beruft ein
Alexander V. 1409–1410
Erfolgloses Absetzungsurteil
Konzil von Pisa 1409
Erfolgloses Absetzungsurteil
Kardinäle beider Obödienzen
Gregor XII. 1406–1415
Flucht aus Avignon
Avignonesische Papstlinie
Pisaner Papstlinie
Römische Papstlinie
Innozenz VII. 1404–1406
Benedikt XIII. 1394–1417/23
Bonifaz IX. 1389–1404
Urban VI. 1378–1389
Clemens VII. 1378–1394
Doppelwahl
1376 päpstliche Residenz wieder nach Rom verlegt
Gregor XI. (1370–1378)
Urban V. (1362–1370)
Innozenz VI. (1352–1362)
Clemens VI. (1342–1352)
Benedikt XII. (1334–1342)
Johannes XXII. (1316–1334)
Clemens V. (1305–1314)
Päpste in Avignon 1309–1376

wählten die Kardinäle den Spanier Petrus de Luna, der sich als Papst Benedikt XIII. nannte.

Alle Versuche, das Schisma zu überwinden, scheiterten an den völlig entgegengesetzten Ansichten der beiden Parteien. Die Welt begann, sich bereits an zwei Kirchen und damit an zwei Päpste mit ihren Obödienzen zu gewöhnen. Dennoch wurde der Ruf nach einer Überwindung des Schismas in Europa immer lauter. Bonifaz IX. ging es hingegen vor allem um die Sicherung seiner eigenen Macht, die er erfolgreich betrieb. Als er 1404 starb, hatte er alle Gegner aus dem Kirchenstaat vertrieben. Doch schon der nächste Papst, Innozenz VII., konnte sich nur mit der militärischen Unterstützung König Ladislaus' von Neapel an der Macht halten. Bereits zwei Jahre nach seiner Wahl starb auch er, ohne etwas für die Überwindung des Schismas getan zu haben.

Vor dem nächsten Konklave verpflichtete sich jeder der Kardinäle durch einen Eid, im Falle einer Wahl für die Einheit der Kirche einzustehen und nötigenfalls sogar auf das Papstamt verzichten zu wollen. Unter diesen Vorzeichen wählten sie schließlich den persönlich bescheidenen und integren, aber schon betagten Venezianer Angelo Correr, der den Papstnamen Gregor XII. annahm. Doch die Bereitschaft, das Schisma zu überwinden, war weder beim neuen Papst noch bei seinem Widerpart in Avignon so ausgeprägt, dass ein jeder bereit gewesen wäre, selbst auf den Papstthron zu verzichten.

Wege zur Überwindung des Schismas

Die Existenz zweier Papstlinien, die sich gegeneinander bekämpften und exkommunizierten, bedeutete eine tiefe Krise für die mittelalterliche Christenheit. Die einfachen Gläubigen mögen der Situation – zumindest abseits der Obödienzgrenzen – mit einer gewissen Gleichgültigkeit begegnet sein. Sie schlossen sich ungefragt und vielfach auch, ohne es zu wissen, der Parteizugehörigkeit ihres weltlichen oder kirchlichen Oberen an. Solange nur die Messen gelesen und die Sakramente gespendet wurden, störte das Schisma ihren religiösen Alltag und ihre Sorge um das Seelenheil nicht. Am ehesten noch machte es sich durch den Geldbedarf der rivalisierenden Päpste bemerkbar. So schrieb der Konstanzer Bischof Markward von Randegg an den römischen Papst Bonifaz IX., er sei in Deutschland und vor allem bei den »braven Alemannen« als goldgierig verschrien und presse die Welt aus.

Den Denkern und Lenkern jedoch, kirchlichen wie weltlichen, musste die Doppelköpfigkeit der Kirche eine Ver-Unordnung der Welt bedeuten. Die seit dem 11. Jahrhundert verstärkt betriebene Ausrichtung der abendländischen Kirche auf den Bischof von Rom als ihrer einzigen Spitze war zum Problemfall geworden. Die Sonderstellung des Papstes als Nachfolger Petri und Stellvertreter Christi auf Erden, der monarchengleich über dem übrigen Klerus stand und von niemandem gerichtet werden durfte, seine Rolle als felsenfester Garant in Fragen des Glaubens und des Kirchenrechts, all dieser Papalismus war in dem Moment ad absurdum geführt, wo zwei Päpste diesen Titel und die damit verbundenen Vollmachten für sich in Anspruch nahmen.

Die Theorie: Von der via facti *zur* via concilii

Die Bemühungen, das Schisma zu überwinden, hoben sofort mit dessen Entstehen 1378 an und ebbten in den nächsten Jahrzehnten auch nicht ab, so als könnte man sich an den Anblick zweier Päpste gewöhnen. Im Gegenteil: Die Einheitssehnsucht führte zu immer neuen Vorschlägen, wie die kirchliche Hierarchie wieder in Ordnung gebracht werden könne. Mindestens 32 Wege *(viae)* zur Schismenbeendigung wurden in einer etwa 1395 vermutlich in Heidelberg abgefassten Schrift aufgelistet, meist juristische Argumentationen, die sich untereinander nur in Nuancen unterscheiden konnten. Den Ideen der Universitäten von Paris und Oxford widmete der Verfasser ein eigenes Unterkapitel und zeigte damit jene Orte an, an denen die Diskussionen besonders vorangetrieben wurden.

Schnell erwies sich, dass eine Diskussion der Rechtmäßigkeit des einen oder anderen Papstes bzw. seiner Wahl nicht zielführend war, sodass eine Gleich(nicht-)berechtigung beider Rivalen als Ausgangspunkt weiterer Überlegungen gesetzt war. Früh tauchte auch der Gedanke auf, dass ein allgemeines Konzil zur Lösung des Konflikts beitragen könne *(via concilii)*, etwa in den Schriften zweier deutscher Gelehrter in Paris, Konrad von Gelnhausen und Heinrich von Langenstein (1379 und 1381). Doch stand dieser Weg zunächst hinter der Auslotung anderer Möglichkeiten zurück, etwa hinter dem Vorschlag, dass ein Papst den anderen militärisch oder politisch niederringen bzw. von allen europäischen Mächten die Anerkennung erlangen solle *(via facti)*. Aber keines der vielen Scharmützel zwischen den beiden Obödienzen brachte eine klare Entscheidung zugunsten einer Linie.

Immer mehr Zeitgenossen propagierten daher eine gleichzeitige Abdankung beider Päpste *(via cessionis)*. Insbesondere stand dieser Weg im Spätsommer 1394 offen, als der Tod Clemens' VII. die avignonesische Papstlinie unterbrach. Zwar ließen sich die Kardinäle zu Avignon nicht davon abbringen, einen Nachfolger zu wählen – das hätte eine Anerkennung der römischen Linie bedeutet –, doch leisteten sie alle vor der Wahl einen Eid, im Falle der eigenen Erwählung zum Papst das Schisma beenden zu wollen, und sei es auf dem Weg der Abdankung. Petrus de Luna, der als Benedikt XIII. aus dem Konklave hervorging, fühlte sich allerdings nur für den Fall, dass alle anderen Wege scheitern sollten, zum versprochenen Rücktritt verpflichtet. Er vertrat wieder die eigentlich längst überholte Sicht, dass ein Schisma am sichersten durch Bestimmung des wahren Papstes und die anschließende Überführung der abtrünnigen Obödienz in dessen Gefolgschaft zu lösen sei, nicht durch Rücktritte beider Päpste und die Wahl eines Dritten. Hochgebildet, selbstbewusst und von der Rechtmäßigkeit der eigenen Position überzeugt, wollte er die Einigung auf eine Papstlinie durch ein Zusammentreffen und eine Übereinkunft mit dem römischen Papst herbeigeführt sehen *(via conventionis)*. Allenfalls ließ er noch die Einberufung eines paritätisch besetzten Schiedsgerichts gelten *(via compromissi)*, das über den legitimen Papst befinden sollte – wobei schon abzusehen war, welch Zankapfel allein die Aufstellung eines solchen Gerichts bedeuten würde.

Die französische Krone, bisher treue Anhängerin des avignonesischen Papsttums, zeigte sich erbost über dieses Taktieren Benedikts und entzog ihm im Juli 1398 die Obödienz *(via subtractionis)*. Gleichzeitig bereiteten die Kanonisten der Pariser Universität einen Prozess zu seiner Absetzung vor, da seine Halsstarrigkeit das Schisma begünstige. Letztlich erwiesen sich diese Waffen als stumpf, da Benedikt unerschrocken im belagerten Palast in Avignon ausharrte und schließlich 1403 in der Provence Zuflucht fand. Außerdem dachte auf der römischen Gegenseite niemand daran, Papst Bonifaz IX. den Gehorsam zu verweigern und damit den Obödienzentzug gleichsam symmetrisch vorzunehmen, um Platz für eine Neuwahl zu schaffen.

Französische Truppen stürmen die Mauern des Papstpalastes zu Avignon, nachdem Benedikt XIII. die Abdankung verweigert hatte. Holzstich nach Zeichnung von Gerlier. Aus: Larcher: Histoire des Papes, 1875.

Das gegenseitige Ausspielen der verschiedenen Lösungsvorschläge und die Hinhaltetaktik, um nicht den versprochenen Rücktritt vollziehen zu müssen, prägten auch ein spektakuläres Beinahe-Treffen beider Papstrivalen. Ganz ähnlich wie in Avignon 1394 hatten die römischen Kardinäle beim Konklave

1406 in einer ausgeklügelten Wahlkapitulation geschworen, das Schisma als Papst beenden zu wollen, indem man umgehend den beidseitigen Verzicht auf die Papstwürde herbeiführe. Der am 30. November 1406 gewählte Gregor XII. richtete dann in der Tat eine Einladung an Benedikt XIII., sich auf halbem Weg in Savona zu treffen. Der Eingeladene reiste wirklich in die ausgemachte Stadt. Gregor selbst aber zögerte und hielt die abgemachten Termine nicht ein. Die größte Annäherung fand erst im Winter 1407/08 statt, als Gregor in Lucca und Benedikt im knapp 90 km oder drei Tagesmärsche entfernten Porto Venere weilten und mittels Gesandter um den richtigen Ort für das Zusammentreffen feilschten. Jedem, dem die Einheit der Kirche ein Anliegen war, musste dieses Schauspiel in die Verzweiflung treiben. Vielfach brach sich nun die Überzeugung Bahn, dass ein stillschweigendes Einverständnis beider Päpste, nichts erreichen zu wollen, für das schlussendliche Scheitern des Treffens entscheidend war.

Ökumenische Konzilien

Das Konstanzer Konzil nimmt in der chronologischen Reihe der 21 sogenannten ökumenischen Konzilien (nach katholischer Zählung) die 16. Stelle ein.

Bereits die Apostelgeschichte im Neuen Testament berichtet uns von einem Treffen der Apostel und Paulus, um die strittige Frage zu entscheiden, ob sich Heiden erst beschneiden lassen müssen, ehe sie Christen werden können, was letztlich verneint wurde.

Seit dem 2. Jahrhundert gab es immer wieder Treffen kirchlicher Würdenträger, vor allem der Bischöfe, um strittige Fragen des Glaubens oder der Kirchenordnung zu klären. Ziel war es jeweils, einen möglichst breiten Konsens zu früheren Konzilsentscheidungen und unter den Konzilsteilnehmern zu erreichen.

Das erste ökumenische Konzil fand im Jahr 325 in Nizäa statt. Ökumenisch ist hier nicht im Sinne von konfessionsübergreifend verwendet, sondern meint in diesem Zusammenhang den Erdkreis, die ganze bewohnte Erde, also nach antikem Weltbild den gesamten Mittelmeerraum. Was auf den Konzilien beschlossen und vom Papst als rechtmäßig anerkannt wurde, war von allen Christen als verbindliche Lehre der Kirche anzuerkennen.
Bis zur Spaltung der Kirche 1054 in eine Ost- und Westkirche gab es acht ökumenische Konzilen, bis zur Reformation folgten zehn weitere, danach noch drei, die nur von der römisch-katholischen Kirche anerkannt werden. Das letzte Konzil, das sogenannte Zweite Vatikanische Konzil, fand von 1962 bis 1965 im Petersdom im Vatikan statt.

Nicht zuletzt diese Ereignisse beförderten die *via concilii* aus den Hinterköpfen in den Vordergrund, also die bisher nur vage geäußerte Überlegung, dass ein allgemeines Konzil die Wiederherstellung der kirchlichen Einheit bewerkstelligen könne.

Konzilien hatten als institutionelle Einrichtung der Kirche eine bis in die frühchristliche Zeit zurückreichende Tradition. Im 14. Jahrhundert waren sie allerdings als aufwendig zu dirigierende Großveranstaltungen aus der Mode gekommen – das letzte Konzil hatte 1311/12 in Vienne getagt. Erschwerend für eine Neuauflage kam hinzu, dass die kirchenrechtlichen Texte schon für den Normalfall kaum Vorgaben enthielten, wie ein Konzil genau abzuhalten war. Umso mehr galt dies für die aktuelle Situation des Schismas. Erst unter dem Druck, dass sich alle anderen Lösungswege als nicht gangbar und zu sehr vom Mitwirken der päpstlichen Rivalen abhängig erwiesen hatten, wandten die Kardinäle und Gelehrten, vor allem auch die Kanonisten, Dekretisten und weiteren Rechtskundigen, ihre volle Energie darauf, die Bedingungen für eine konziliare Absetzung der Päpste und die anschließende Wahl eines einzigen neuen

Papstes durchzubuchstabieren. Wie sollte man mit dem Lehrsatz umgehen, dass der Apostolische Stuhl von niemandem gerichtet werden dürfe? Und wie konnte man hieb- und stichfest begründen, dass ein Konzil ohne Papst zusammentreten und die gesamte Kirche repräsentieren könne, wenn doch bisher der päpstliche Vorsitz als unentbehrlich galt? Wie viel halfen hier die kursierenden Konzilsdefinitionen, etwa die von Wilhelm von Ockham, nach der in einem Konzil »verschiedene Personen, die alle Teile der gesamten Christenheit rechtswirksam repräsentieren, zum Zwecke der Verhandlungen über das Gemeinwohl in rechtmäßiger Weise zusammenkommen«? Kam ein Konzil nicht erst durch päpstliche Einberufung in rechtmäßiger Weise zusammen?

Einen ersten Ausweg aus dem Dilemma bot die Lehre vom *papa haereticus*, der zufolge ein Papst, der zum Häretiker werde, seine päpstliche Würde gleichsam automatisch verliere und es Aufgabe der Kirche sei, diesen Amtsverlust lediglich festzustellen. Und Päpste, die im Schisma verharrten, würden gegen die Glaubensaussage von der einen Kirche verstoßen und seien damit Häretiker. Der Stuhl Petri sei in der gegenwärtigen Lage folglich verwaist. Daran anknüpfend argumentierte z. B. der italienische Kanonist und Kardinal Francesco Zabarella: So wie die Gewalt in einer Stadt den Bürgern gehöre, so sei auch die Regierung der Kirche im Falle einer Vakanz des päpstlichen Stuhls Sache der im Konzil versammelten Gläubigen.

All die Bestrebungen, in der verfahrenen Situation des Schismas das kirchliche Instrument des Konzils wiederzuentdecken, zu schärfen und mit neuem Leben zu füllen, werden unter dem Schlagwort »Konziliarismus« gebündelt.

Konziliaristen mussten mehr oder weniger exponiert die Überzeugung formulieren, dass zumindest in der gegenwärtigen Notsituation das Konzil über dem Papst stehe. Einige ihrer Texte lassen sich auch so lesen, dass sie im Konzil prinzipiell ein wichtiges Korrektiv gegenüber einer allzu unangefochtenen

Stellung des Papstes in der Kirche sahen – auch jenseits der konkreten Notsituation des Schismas.

Ein erster praktischer Versuch: Das Konzil von Pisa 1409

Das Konzil von Konstanz ist ohne seinen Vorgänger in Pisa kaum denkbar. Jenes war der erste Versuch, die *via concilii* zur Behebung des Schismas zu beschreiten, gleichsam die Generalprobe eines Generalkonzils, noch mit Fehlern und Mängeln behaftet, die aber erst den Erfolg von Konstanz ermöglichten.

Im August/September 1408 berief ein Großteil der Kardinäle beider Obödienzen ein Konzil nach Pisa ein. Der Antrieb dazu rührte einerseits aus der tiefen Enttäuschung über das gescheiterte Treffen der beiden Päpste Gregor XII. und Benedikt XIII., andererseits aus der abermaligen Entscheidung Frankreichs, Benedikt die Obödienz zu entziehen und sich neutral zu verhalten. Nicht nur die avignonesischen, sondern sämtliche Kardinäle mussten um ihre Existenzgrundlage fürchten, wenn dieser Entschluss Nachahmer finden sollte.

Der Widerhall auf die Einladung nach Pisa war groß: Nach und nach trafen über die bisherigen Obödienzgrenzen hinweg mehr als 600 Teilnehmer in der italienischen Stadt ein. Einzig die spanischen Anhänger Benedikts verweigerten ihre Teilnahme kategorisch und versammelten sich ihrerseits ab November 1408 zu einer Synode in Perpignan.

In Pisa begannen die Beratungen in der Kirche San Michele am 25. März 1409. Sie stellten sich im Wesentlichen als ein Prozess gegen Gregor XII. und Benedikt XIII. dar. Beide wurden auf der ersten Sitzung vorgeladen und nach ihrem Nichterscheinen und einer umfangreichen Zeugenanhörung am 5. Juni unter Berufung auf die Lehre vom *papa haereticus* für abgesetzt erklärt. Der Weg für eine Neuwahl war damit frei.

Zwei Papstfiguren werden in Pisa verbrannt.
Diebold Schilling, Spiezer Chronik.

Gemäß den kirchenrechtlichen Vorschriften bezogen zehn Tage nach dem »Tod« der bisherigen Päpste 24 Kardinäle – 10 vormalige Anhänger Benedikts, 14 Kardinäle Gregors – das Konklave, aus dem am 26. Juni der Franziskaner Petros Philargis, Erzbischof von Mailand und Legat von Oberitalien, als Papst Alexander V. hervorging.

Einige Breschen für Konstanz waren damit geschlagen: die Möglichkeit eines papstlosen Konzils, Aufbrechen des bisherigen Barrierecharakters der Obödienzgrenzen, Absetzungsurteile gegen widerspenstige Päpste, das Konzil als Konklave.

Außerdem legten Papst Alexander und die zu Pisa Versammelten die Veranstaltung eines weiteren Konzils fest, um die Reformen fortzusetzen, woraus letztlich das Konstanzer Konzil entstand. Das eigentliche Ziel jedoch, die Einheit der abendländischen Kirche wiederherzustellen, konnte mit Pisa noch nicht erreicht werden, da sowohl Gregor XII. als auch Benedikt XIII. daran festhielten, weiterhin rechtmäßige Päpste zu sein, und noch genügend weltliche Unterstützung fanden. Somit wurde die Verwirrung des bisherigen Schismas durch eine weitere, eine pisanische Linie gesteigert, in der nach dem baldigen Tod Alexanders V. (3. Mai 1410) Kardinal Baldassare Cossa als Papst Johannes XXIII. zur prägenden Gestalt aufstieg. Schon ein Zeitgenosse hielt in einem lateinischen Traktat die allseitige Klage fest, dass nun aus der verruchten Zweiheit eine keineswegs gesegnete, sondern eine verfluchte Dreifaltigkeit (»dualitatem infamem, nunc vero trinitatem non benedictam sed ab omnibus maledictam«) entstanden sei.

Johannes XXIII.

Über Kindheit und Jugend Baldassare Cossas, wie Papst Johannes XXIII. mit bürgerlichem Namen hieß, ist wenig bekannt. Nicht einmal der Tag seiner Geburt ist überliefert. Er stammte aus einer neapolitanischen Adelsfamilie und scheint anfänglich nicht für den geistlichen Stand vorgesehen gewesen zu sein, widmete er sich doch zunächst kriegerischen Tätigkeiten. Seine Gegner warfen ihm in späteren Jahren sogar vor, er sei Pirat gewesen.

Seinen Aufstieg in der kirchlichen Hierarchie verdankte er wesentlich Papst Bonifatius IX., der wie er aus Neapel stammte und mit dem er womöglich verwandt war. Nach einem kurzen Studium in Bologna ernannte ihn sein Landsmann zunächst zum Kämmerer und erhob ihn 1402 zum Kardinal. Als Legat des Papstes in Bologna gelang es ihm aufgrund seiner

Johannes XXIII.

militärischen und administrativen Fähigkeiten, die Stadt für den Kirchenstaat zurückzugewinnen. Allerdings machte er sich durch seine Skrupellosigkeit, rücksichtslose Härte und Habgier rasch verhasst. In späteren Schriften, die freilich von seinen Gegnern verfasst wurden und daher mit Vorsicht zu behandeln sind, wird ihm auch immer wieder ein unmoralischer Lebenswandel vorgeworfen.
Unter Einsatz erheblicher finanzieller Mittel gelang es ihm, 1408 ein Konzil nach Pisa einzuberufen, das die Einheit der Kirche wiederherstellen sollte. Der dort gewählte Papst Alexander V. stand ganz unter dem Einfluss Cossas. Als Alexander nach nicht einmal einjähriger Amtszeit starb, wurde Cossa zum neuen Papst gewählt, der den Namen Johannes annahm. Die Kirchenunion ging er nur halbherzig an, wichtiger schien ihm die Wiederherstellung der päpstlichen Macht im Kirchenstaat.

Das große Papstschisma nach dem Konzil von Pisa 1409

- Obödienz der Konzilspäpste Alexander V. bzw. Johannes XXIII.
- Obödienz Gregors XII.
- Obödienz Benedikts XIII.

Der größte Teil der Obödienz Gregors XII. ging schon 1410 oder doch vor dem Konstanzer Konzil zum Pisaner Papsttum über.

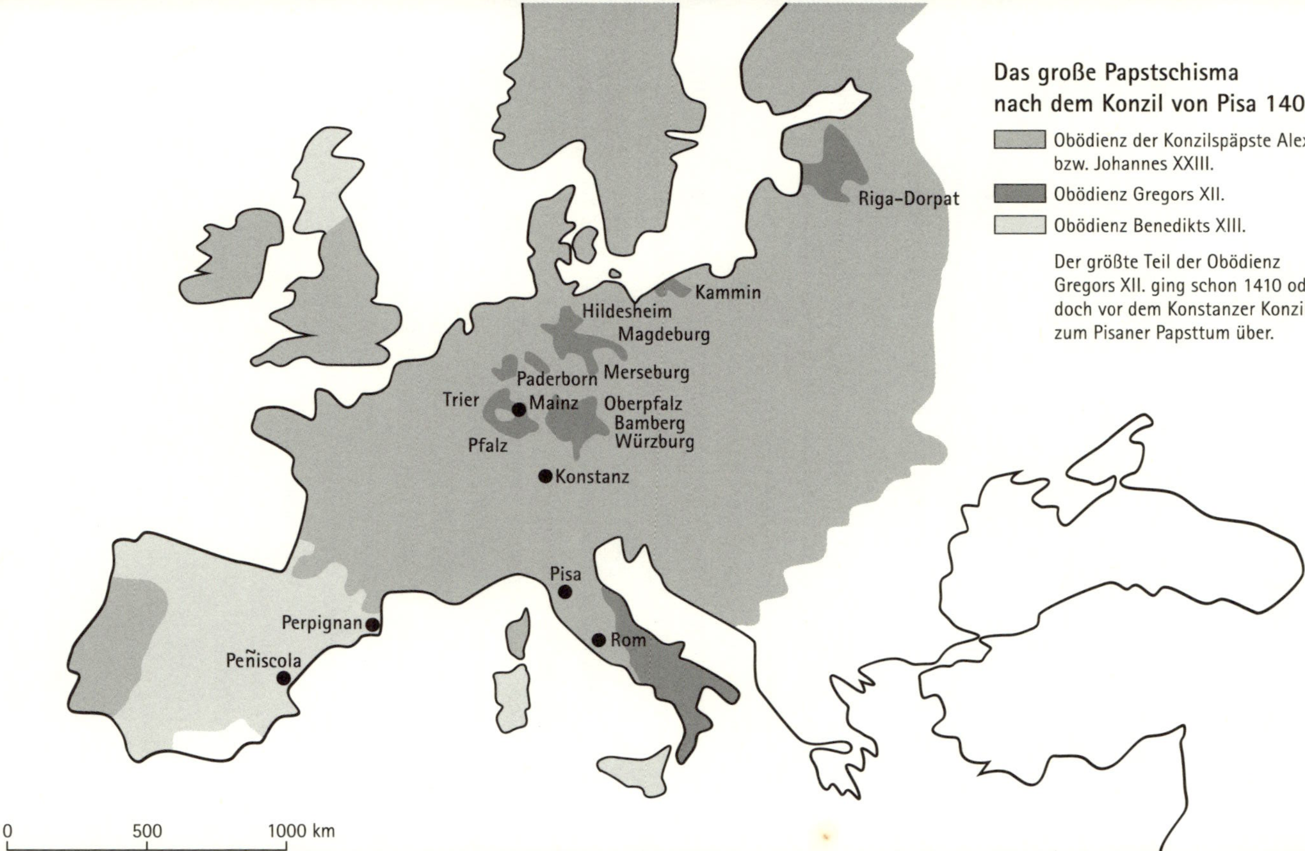

Das Konzil von Konstanz

Die Vorbereitungen

Nach dem Scheitern der Union auf dem Konzil von Pisa, welches das Vorspiel für das Konzil von Konstanz bildete, schien die Situation noch verworrener zu sein, als sie ohnehin schon war. Zwar war der Wille zur Einheit, zur Überwindung des Schismas auch bei den Kardinälen nun deutlich zutage getreten, doch die innerkirchlichen Kräfte reichten nicht aus, das Schisma zu überwinden. Ein von Johannes XXIII. nach Rom berufenes Konzil, das dessen Stellung stärken sollte, wurde kaum besucht und konnte daher keine Wirkung entfalten. Daher wurde es gleich nach der Eröffnung schon wieder vertagt. Da kam der gespaltenen Kirche von außen Hilfe zu.

1410 war der deutsche König Ruprecht III. von der Pfalz gestorben. Seine Bemühungen zur Überwindung des Schismas waren – nicht zuletzt wegen seiner schmalen Machtbasis in Deutschland – im Versuch stecken geblieben. Sein Nachfolger Jobst von Mähren starb, noch ehe er sein Amt antreten konnte. Nun war der Weg auf den deutschen Königsthron frei für Sigismund von Luxemburg. Er war Sohn Kaiser Karls IV. und Halbbruder des vormaligen deutschen Königs Wenzel IV., der zunächst seinem Vater als König nachgefolgt war. Da Wenzel aber an der Reichspolitik kaum Interesse gezeigt und folglich bald jeden Einfluss im Reich verloren hatte, wurde er von den Kurfürsten im Jahr 1400 wegen Unfähigkeit abgesetzt. Nur als König von Böhmen konnte er sich weiterhin halten.

König Sigismund

Sigismund wurde am 15. Februar 1368 in Nürnberg geboren. Er hatte eine gründliche Ausbildung erhalten und galt als hochgebildet. Besonders beeindruckte er seine Zeitgenossen durch seine Vielsprachigkeit und seine Rednergabe, mit der er seine Zuhörer auf seine Seite ziehen konnte. Er war ein weiser, tatkräftiger und lebenslustiger Herrscher, der jedoch nicht immer seine Zusagen einhielt, oftmals in Geldnöten war und auch militärisch häufig unglücklich agierte. Angesichts der Weitläufigkeit seiner Herrschaftsgebiete waren die strukturellen Probleme nahezu unbeherrschbar. Eine Reform des Reiches konnte er nicht durchsetzen.
Reichlich ausgeprägt waren sein Selbstwertgefühl und das Bewusstsein, was er seinem hohen Amt an Repräsentation schuldig war. Von seinem Vater Karl IV. war er zusammen mit

Der heilige Sigismund von Burgund auf einem Fresko in der Dreifaltigkeitskirche in Konstanz. Für diese Darstellung griffen die Künstler auf das Aussehen König Sigismunds zurück.

seinen Brüdern schon in jungen Jahren (1373) mit der Mark Brandenburg belehnt worden. Durch die Heirat mit Maria von Ungarn konnte er die Kronen von Ungarn und Kroatien erwerben. Doch hatte er zunächst Mühe, sich in Ungarn zu behaupten, denn der einheimische Adel betrachtete ihn misstrauisch und lehnte sich gegen ihn auf. Zudem wurde das Land nicht nur von den Türken bedroht, sondern auch von König Ladislaus von Neapel, der Thronansprüche geltend machte.

Nach dem Tod seiner ersten Ehefrau heiratete er 1406 die 20 Jahre jüngere Barbara von Cilli in zweiter Ehe. 1410 wurde er zum römisch-deutschen König gewählt. 1419 folgte er seinem Halbbruder als König von Böhmen nach, wobei er sich in dem von den Hussitenkriegen erschütterten Land nur schwer behaupten konnte. 1433 krönte ihn Papst Eugen IV. in Rom zum Kaiser. Sigismund starb am 9. Dezember 1437 in Znaim.

Nach dem Tod des Pisaner Papstes Alexander V. hatte Sigismund die Wahl Johannes' XXIII. sogleich anerkannt, nicht zuletzt aufgrund der gemeinsamen Gegnerschaft zu König Ladislaus von Neapel, der zunächst zu Gregor XII. hielt. Als neapolitanische Truppen Rom eroberten, musste Johannes XXIII. überstürzt nach Norditalien ausweichen, wo ihm die Stadt Florenz aber aus Angst vor König Ladislaus kein Asyl gewährte. Daher wandte sich der bedrängte Papst an den König, der zu dieser Zeit in einem erfolglosen Krieg mit Venedig stand. Zwar konnte Sigismund ihm nicht militärisch helfen, aber er erkannte die überaus günstige Gelegenheit, den Papst nun zu einem allgemeinen Generalkonzil zu bewegen, das das Schisma überwinden sollte. Und er erkannte geradezu instinktiv, dass er dabei als *advocatus et defensor ecclesiae*, als Anwalt und Verteidiger der Kirche, wie ein alter Titel der deutschen Könige hieß, die zentrale Rolle würde spielen können. Neben der Beseitigung des

Schismas hatte Sigismund auch zwecks Steigerung seines persönlichen Ansehens ein Interesse an einem erfolgreichen Konzil. Zudem ging es ihm um die Abwehr von König Ladislaus' Plänen in Ungarn, dort selbst zur Herrschaft zu gelangen, um die Reform der Kirche und um die Bekämpfung der religiös motivierten Unruhen in Böhmen rund um Hus, wo sein Bruder regierte. Schließlich durfte er auch nach erfolgreichem Abschluss des Konzils auf eine gewaltige Unterstützung eines Kreuzzugs gegen die Türken hoffen, die nicht nur Konstantinopel bedrohten, sondern bereits auf dem Balkan große Gebiete erobert hatten.

Nach langen Vorverhandlungen gab Sigismund am 30. Oktober 1413 »aus kaiserlicher Gewalt« die Einberufung eines Generalkonzils nach Konstanz bekannt. Dass das Konzil in einer Stadt des Reiches stattfinden sollte, um so dem König eine günstige Ausgangsposition zu sichern, lag auf der Hand, auch wenn sich Papst Johannes XXIII., der lieber eine Stadt in Italien als Tagungsort gesehen hätte, dagegen sträubte. Dass es gerade Konstanz wurde, beruhte auf einem Vorschlag des Grafen Eberhard von Nellenburg, der seine Stammburg unweit des Bodensees hatte und zum königlichen Gefolge zählte.

Konstanz hatte in seinen Mauern schon zu Zeiten Kaiser Friedrich Barbarossas bedeutende Hof- und Reichstage erlebt. Zuletzt hatte sich die Stadt als Konferenzort bei Friedensverhandlungen zwischen den Appenzellern und ihren Gegnern im Jahr 1408 bewährt. Damit hatte der wichtige Handelsplatz in Süddeutschland unterstrichen, ein geeigneter Ort für große Versammlungen zu sein. Die rund 6000 Einwohner zählende Stadt bot genügend Unterkünfte und konnte über das Umland die Versorgung sicherstellen. Hinzu kam ihre vergehrsgünstige Position, die Nähe zu Italien sowie die Lage am Bodensee und Rhein. Und schließlich war Konstanz auch ein angesehener Bischofssitz mit mehreren Klöstern in seinen Mauern.

Damit das Konzil aber auch von kirchlicher Seite als solches anerkannt wurde, bedurfte es nun noch der Einberufung durch

Das Treffen König Sigismunds (rechts) mit Papst Johannes XXIII. in Lodi.
Aus der Richentalchronik im Konstanzer Rosengartenmuseum

Der römsch küng sprach zum bapst hailiger vatter wil unser hailikait
laisten das in dem concilio versprochen ist so machend ain concilium in
tütsche land das es gemain müg sin

Der sprach der römsch küng so ist noch
mer ze fürchten das ich die drü gaystlich
churfürsten die mächtig sind und an
deren statt zu setzen und entsetzen ain
römschen küng und die och gewalt
hand allen ertzenfürsten zu gebietend
und zu bannen das ich die willicht
meiner über das berg bringen müg
und sy taten es och nit wenn sy
grosse herren sind und vil gewalt hand in
stett

Damit do fragt er hertzog Ulrich
von Teck ob kain stat an dem birg
läg der sprach kompten die lüt
an den für des birgs ferer

Do sprach graf Eberhart von
Wirtenburg herr mächtiger
küng da ist kain gemainsami
da lit ain stat etwas ferr
denn ain tagwaid dar von
haist Costentz ist ain riche
stat und hat ain bistum
da ist alle gemainsami

den Papst. Um diese zu erreichen, traf sich Sigismund mit Johannes am 25. November 1413 in der Stadt Lodi in der Lombardei. Schließlich erließ der Papst am 9. Dezember eine Bulle, durch welche er zum Konzil einlud und zugleich versicherte, selbst zu erscheinen und alles zur Überwindung des Schismas zu unternehmen.

Der Adressatenkreis dieser Konvokationsbulle war weit gefasst: Neben den kirchlichen Würdenträgern, den Patriarchen, Erzbischöfen, Äbten und Prälaten, sowie den weltlichen Großen, den Königen, Fürsten, Herzögen, Grafen und Adligen, gehörten auch alle, »die an diesem Konzil teilzunehmen haben oder ihm sonst wie nützen können,« dazu. Mit Letzteren waren vor allem die Gelehrten der Universitäten, insbesondere die Theologen und Kirchenrechtler, gemeint, die aufgrund ihrer Sachkompetenz eine wichtige Rolle spielen sollten.

Jetzt konnten die Vorbereitungen zum Konzil beginnen. Es galt in der folgenden Zeit, möglichst viele weltliche wie geistliche Herrscher, Würdenträger und Gelehrte dazu zu bewegen, selbst nach Konstanz zu kommen oder doch wenigstens Bevollmächtigte, sogenannte Prokuratoren, zu entsenden. Insbesondere waren auch die anderen beiden Päpste und ihre Schutzmächte einzubinden. Daher entfaltete König Sigismund in den kommenden Monaten eine vielfältige Diplomatie mit den Herrschern in Europa, von König Karl VI. von Frankreich über Heinrich V. von England bis hin zu Kaiser Manuel II. von Byzanz, von König Ferdinand I. von Aragon-Sizilien, dem Schutzherrn Papst Benedikts XIII., über König Wladyslaw Jagiello von Polen bis hin zu den deutschen Fürsten und Reichsstädten. Und auch Johannes XXIII. blieb nicht untätig, sondern bemühte sich um möglichst viele Teilnehmer seiner Obödienz.

Derweil begannen in Konstanz die praktischen Vorbereitungen. Schon im Dezember 1413 fing man an, Futter und Heu sowie andere Dinge auf Vorrat nach Konstanz zu bringen. Ab Juni 1414 ergriffen dann päpstliche und königliche Beauftragte gemeinsam mit dem städtischen Magistrat und der bischöflichen Kurie die erforderlichen Maßnahmen, damit das Konzil am Allerheiligenfest, dem 1. November, pünktlich beginnen konnte.

Nur ganz allmählich kamen die Konzilsteilnehmer nach Konstanz. Johannes XXIII. war im Oktober in Oberitalien aufgebrochen, um über Tirol an den Bodensee zu reisen. In Meran schloss er mit Friedrich IV. von Habsburg-Tirol, der auch rund um den Bodensee begütert war, ein Bündnis und ernannte ihn zum Generalkapitän der päpstlichen Truppen. Als er den Arlbergpass überqueren wollte, stürzte sein Reisewagen um, wobei er ausgerufen haben soll: »Hier liege ich in des Teufels Namen!«

Doch schließlich erreichte er am 28. Oktober unversehrt Konstanz. Dieser Tag war nicht zufällig für die Ankunft gewählt worden, ist er doch der Festtag der heiligen Apostel Simon und Judas Thaddäus. Auch viele andere Ereignisse des Konzils richteten sich nach dem Heiligenkalender und den Festtagen des Kirchenjahres. Am Konzilsort wurde Johannes XXIII. mit allen Ehren, die einem Papst zustanden, feierlich empfangen. Der Konzilsteilnehmer Jakob Cerretanus berichtet darüber in seinem Konzilstagebuch: »Am Tor zur Vorstadt Stadelhofen, wohin heut seit dem frühen Morgen viel Volk geströmt war, wurde Papst Johann XXIII. feierlich empfangen. Er bestieg dann einen gezierten Schimmel und ritt unter einem goldenen Baldachin mit neun Kardinälen hinter Kreuz, Fahnen und Sanctissimum in die geschmückte Stadt ein, geleitet von Stadtrat, Adel und Klerus und von einer vieltausendköpfigen Menge bestaunt. Trompeten schmetterten, Pfeifen und Schalmeien erklangen, von allen Türmen läuteten Glocken. Am Ende der Paulsgasse zog die eucharistische Prozession dann in die Kathedrale ein. Dort erteilte der Papst dem Volk den Segen und begab sich nach dem Tedeum in die bischöfliche Pfalz.« Die bischöfliche Pfalz, die Residenz des Konstanzer Bischofs Otto von Hachberg, wurde so für die nächsten Monate zum apostolischen Palast.

Das Konzil beginnt

Mit leichter Verspätung, am 5. November 1414, konnte Papst Johannes XXIII. im Konstanzer Münster, der Bischofskirche, das Konzil feierlich mit einem Gottesdienst eröffnen. Dabei beteten die Gläubigen besonders um den Beistand des Heiligen Geistes, dass er die Konzilsteilnehmer mit Weisheit erleuchte. Immerhin waren nun schon 15 Kardinäle, 23 Erzbischöfe sowie 27 Bischöfe anwesend.

Die Konstanzer Bischofskirche war damals noch im Wesentlichen ein romanischer Bau aus dem 11. Jahrhundert, der heute noch den Kern des Gotteshauses bildet. Sie liegt auf dem Münsterhügel, der höchsten Erhebung im Stadtgebiet südlich des Rheins.

Unmittelbar nach dem Eröffnungsgottesdienst wurde das Kirchenschiff seiner ganzen Länge nach für die Konzilsväter mit hölzernen Tribünen versehen. Hier konnten diese bei den insgesamt 45 Sessionen, wie die Vollversammlungen hießen, Platz nehmen. Ganz oben saßen die Kardinäle, Erzbischöfe und Fürsten, gefolgt von den Bischöfen und Äbten, weiter unten durften die päpstlichen Auditoren und Sekretäre sowie die Vertreter der Universitäten Platz nehmen, während unten schließlich die übrige Geistlichkeit sowie die Schreiber und Prokuratoren saßen.

Am 16. November fand dann die erste Vollversammlung im Konstanzer Münster statt. Zu Beginn wurde, wie bei jeder Sitzung, feierlich die heilige Messe gefeiert. Nach verschiedenen Gebeten, in denen der Segen Gottes für die Arbeit erfleht wurde, folgten eine Lesung aus der Bibel und eine Predigt. In dieser ersten Sitzung hielt sie der Papst selbst. Er ermahnte zunächst nochmals alle Konzilsväter, genau und eifrig zu überlegen, was der Kirche zum Frieden und zum Heil diene. Danach begannen die eigentlichen Beratungen.

In der ersten Sitzung ging es vor allem um die Besetzung der Ämter, deren es für einen reibungslosen Ablauf bedurfte. So be-

Konstanzer Münster um 1840
Stich von E. Höfer nach einer Zeichnung K. Korradis, um 1840

stellte das Konzil Notare, Advokaten, Promotoren und Prokuratoren, Schreiber, Stimmensammler und Sitzordner.

Schon bei dieser ersten Sitzung trat die Gliederung der Teilnehmer in einzelne »Nationen« hervor. Bereits auf früheren Konzilien des Mittelalters wurden die Teilnehmer nach ihrer geographischen Herkunft, nach Kirchenprovinzen oder in verschiedene Nationen eingeteilt, was vor allem der besseren Überschaubarkeit diente. Auch von den Universitäten war die Einteilung in Nationen bekannt. Zunächst wurden vier Nationen

Eine Sitzung des Konstanzer Konzils. Aus der Richentalchronik im Konstanzer Rosengartenmuseum

Sizung der Kirchenpraelaten im Münster.

gebildet, nämlich eine italienische (Italica), eine französische (Gallica), eine englische (Anglica) und eine deutsche (Germanica). Letztere umfasste neben Deutschland auch Skandinavien, Polen, Litauen, Ungarn und Kroatien. Nach der Ankunft der Spanier bildeten diese eine weitere Nation (Hispanica).

Die Bedeutung der Nationen wuchs in den kommenden Wochen beträchtlich, als sich eine Geschäftsordnung für die Konzilsberatungen herausbildete. Denn diese Ordnung, die weitgehend dem Brauch der bisherigen Konzilien folgte, sah nun als weitreichende Neuerung vor, dass nicht nach Köpfen abgestimmt wurde, sondern nach Nationen. Damit sollte vor allem die Übermacht der zahlenmäßig am stärksten vertretenen Gruppe der Italiener gebrochen werden. Neben die Nationen trat als eigenständige Gruppe mit eigenem Stimmrecht diejenige der Kardinäle.

Kardinäle

Die Kardinäle bildeten als ranghöchste Mitglieder nach dem Papst eine einflussreiche Gruppe auf dem Konzil. Besonders herausragend waren die beiden Franzosen Pierre d'Ailly und Guillaume Fillastre sowie der Italiener Francesco Zabarella. Pierre d'Aillys Wort hatte nicht nur in der Kirche, sondern auch am französischen Königshof Gewicht. Er war hochgebildet und lehrte an der Pariser Universität, deren Kanzler er zeitweilig war. 1395 wurde er Bischof von Puy, ohne dass er sein Bistum jemals betreten hätte. Zwei Jahre später wurde er sodann zum Bischof von Cambrai ernannt, wo er sich durch kluge Verwaltung und Reformen des kirchlichen Lebens verdient machte. Auf dem Konzil war er vor allem in der französischen Nation als Gesandter des Königs eine zentrale Figur. Nach dessen Ende zog er sich nach Avignon zurück, wo er insbesondere mystische und asketische Werke verfasste.

Neben d'Ailly war Kardinal Fillastre das einflussreichste Mitglied der französischen Nation. Er hatte Jura studiert und dies in Reims auch gelehrt. Anfänglich Anhänger Benedikts XIII., wechselte er auf dem Konzil in Pisa auf die Seite Johannes' XXIII. In Konstanz hatte er an allen wichtigen Entscheidungen wesentlichen Anteil. Das Tagebuch, das er während des Konzils führte, stellt heute eine wichtige Quelle dar. Nach dem Konzil ernannte ihn Papst Martin V. zum Legaten in Frankreich, meist hielt er sich aber in Rom auf, wo er auch 1428 starb.

Zabarella war von Hause aus Kirchenrechtler an den Universitäten Bologna, Florenz und Padua. 1410 wurde er zum Erzbischof von Florenz berufen. Mehrfach war er in diplomatischer Mission für die Regierung Paduas und für den Papst tätig, so auch bei der Vorbereitung des Konzils. Auf dem Konzil selbst spielte er wegen seiner umfassenden Rechtskenntnisse und seiner guten Redegabe eine bedeutsame Rolle in allen wichtigen Fragen. Er galt als aussichtsreicher Kandidat bei der Papstwahl, starb aber zuvor im Jahr 1417. Seine kirchenrechtlichen Schriften galten noch lange nach seinem Tod als Standardwerke.

Bemerkenswert ist auch eine weitere Neuerung: Nicht nur die Bischöfe und Prälaten erhielten innerhalb der Nationen Stimmrecht, sondern auch die Prokuratoren der Domkapitel und Universitäten, die Doktoren der Theologie und des kanonischen Rechts sowie die Gesandten der Fürsten. Zeitweise wurde das Stimmrecht noch weiter ausgedehnt, insbesondere in der Zeit nach der Flucht Johannes' XXIII. (Näheres dazu weiter unten) scheint so ziemlich jeder, der wollte, zum Konzil zugelassen worden zu sein. War das Abstimmungsergebnis nicht eindeutig, hatte eine Kommission aus einem Kardinal und vier weiteren Nationsmitgliedern das Stimmenverhältnis festzustellen, wobei die Stimmenzahl mehr gewogen als gezählt werden sollte.

Denn nicht nur die Zahl, sondern auch Eifer und Verdienst der Abstimmenden waren festzustellen. Immer sollte noch versucht werden, durch Übertritt möglichst vieler der Minderheit zur Mehrheit Stimmeneinhelligkeit zu erreichen.

Über das, worüber die Nationen abstimmten, war zuvor im sogenannten Hauptausschuss (Generaldeputation) beraten worden. Jede Nation und auch die Kardinäle entsandten in ihn drei bis sechs Deputierte, die monatlich gewählt wurden. Die Deputierten aus jeder Nation hatten einen Präsidenten. Diese wechselten von Woche zu Woche im Vorsitz des Hauptausschusses. Dem Ausschuss oblag die Vorbereitung all dessen, was in den Nationen zur Beratung kommen sollte, sofern nicht eigene Kommissionen dafür eingesetzt waren wie etwa der Reformausschuss für alle Fragen der Kirchenreform. Sonst aber durfte in den Nationen nur verhandelt werden, was im Hauptausschuss durchberaten worden war.

War der Hauptausschuss zu einem Ergebnis gekommen, übergab er dieses an die Nationen, die sich jeweils getrennt versammelten. Daraufhin teilten sich die Nationen ihre Beschlüsse mit, um mögliche unterschiedliche Auffassungen auszugleichen. War über einen Gegenstand Einigkeit erzielt, so wurde eine Generalkongregation abgehalten. Wurde auch hier eine Übereinstimmung erreicht, wurde der Gegenstand zur abschließenden Beschlussfassung in die feierliche Session eingebracht.

Der König kommt

Nach der Eröffnung gewannen die Arbeiten des Konzils langsam an Fahrt. Es kamen auch weitere Gesandtschaften wie etwa die Gelehrten der Pariser Universität. Selbst Papst Gregor XII. sandte mit Kardinal Giovanni Dominici einen gewichtigen Vertreter nach Konstanz, freilich nicht zum Konzil, das er ja nicht anerkennen konnte, sondern zu König Sigismund.

Die zweite Vollversammlung ließ jedoch lange auf sich warten. Dies lag zunächst daran, dass Sigismund noch nicht in Konstanz eingetroffen war. Er hatte sich ausbedungen, dass über die zentralen Fragen erst nach seiner Ankunft beraten werden sollte. Grund für sein verzögertes Erscheinen war, dass er zwar zum König gewählt, aber noch nicht gekrönt worden war. Doch nachdem Sigismund am 8. November 1414 in Aachen zum *rex Romanorum*, wie der offizielle Titel lautete, zum König der Römer gekrönt und gesalbt worden war, brachen er und zahlreiche deutsche Fürsten in seinem Gefolge endlich Richtung Konstanz auf.

Seinem Gespür für Inszenierung und Repräsentation entsprechend arrangierte er seine Reise so, dass er sich erst am 24. Dezember Konstanz näherte. Mitten in der Nacht kam er mit dem Schiff von Überlingen aus über den See. Nachdem sich der König und sein Gefolge – zu ihm gehörten seine Ehefrau Barbara von Cilli, sein Schwiegervater Hermann von Cilli sowie Königin Elisabeth von Bosnien – im Rathaus aufgewärmt hatten, ging es zum Münster, wohin der König von Bischof Otto, dem Bürgermeister Heinrich von Ulm und Ratsherren geleitet wurde. Dabei schritt er unter einem goldenen Baldachin, den ihm die Stadt zum Geschenk gemacht hatte. Viele Konstanzer und Konzilsteilnehmer säumten den Weg.

Am Münster angekommen, wurde der König vom Papst begrüßt und mit den Gewändern eines Diakons bekleidet. Danach nahm er, gemeinsam mit den beiden Königinnen, zur Rechten des Papstes Platz. Es folgte die sechsstündige liturgische Feier der Heiligen Nacht. Einem mittelalterlichen Brauch folgend, den Sigismunds Vater Karl IV. wiederbelebt hatte, trug der König selbst das Evangelium in der Christmette vor, durch das die Geburt Jesu Christi verkündet wurde: »In jenen Tagen erließ Kaiser Augustus den Befehl, alle Bewohner des Reiches in Steuerlisten einzutragen …« Damit unterstrich er nicht nur die besondere Würde, die dem römischen König selbst in der kirchlichen

König Sigismund liest als Diakon gewandet das Weihnachtsevangelium während der Heiligen Nacht im Konstanzer Münster. Über ihm wird ein Schwert als Schutzzeichen gehalten. Aus der Richentalchronik im Konstanzer Rosengartenmuseum

Liturgie zukam, sondern zugleich auch seine Stellung als zentrale Gestalt des Konzils.

Nach den Feierlichkeiten bezog König Sigismund das Haus »Zur Leiter«, nahe bei der Kirche St. Stephan, ehe er einige Tage später in die Abtei Petershausen wechselte.

Nachdem der König am Konzilsort eingetroffen war, nahm nicht nur der Zustrom an Konzilsteilnehmern nochmals zu, darunter eine Gesandtschaft Papst Benedikts XIII., sondern die Beratungen des Konzils gingen nun auch zügiger voran. Allerdings dauerte es aufgrund von Streitigkeiten wegen des Abstimmungsmodus noch bis zum 2. März 1415, ehe sich die Konzilsväter zu ihrer zweiten Session versammelten. Nun folgten in rascher Folge die nächsten Sitzungen, am 29. Mai fand bereits die zwölfte Sitzung statt.

Die großen Aufgaben des Konzils 1 – Die Einheit der Kirche *(causa unionis)*

Drei großen Aufgaben sah sich das Konzil vor allem gegenüber: der Überwindung des Schismas und damit der Wiederherstellung der Einheit der Kirche *(causa unionis)*, der Klärung von Glaubensfragen *(causa fidei)* und der Erneuerung der Kirche an Haupt und Gliedern *(causa reformationis)*.

Johannes XXIII. und seine Flucht

Johannes XXIII. war in der festen Überzeugung nach Konstanz gereist, das Konzil würde ihn nach endgültiger Absetzung der beiden anderen Päpste, Benedikt XIII. und Gregor XII., als einzig wahren Papst bestätigen. Seine Obödienz war die mit Abstand größte, seine Legitimität stand bei der Pisaner Partei außer Frage und Konstanz sollte im Wesentlichen der allseitigen Anerkennung und Durchsetzung des Konzils von Pisa dienen. Die Frage der Kircheneinheit war für Johannes längst entschieden. Um hier gar keine neuen Debatten aufkommen zu lassen, sollte sich das Konzil gleich den Angelegenheiten des Glaubens in Form der hussitischen Irrlehren zuwenden.

Doch zwischen November 1414 und März 1415 drehte sich der Wind völlig. Je länger der Zuzug von Nichtitalienern auf das Konzil anhielt, desto stärker wuchsen die Ressentiments gegen eine bloße Bestätigung der Pisaner Beschlüsse.

Angeführt vom französischen Kardinal Pierre d'Ailly und befördert durch das Wirken König Sigismunds emanzipierte sich das Konzil allmählich von der Festlegung auf eine Papstlinie. Das begann mit dem Zugeständnis, auch Gregor XII. und Benedikt XIII. päpstliche Ehrbezeugungen zukommen zu lassen, wenn sie denn persönlich nach Konstanz kämen – ein deutliches Zeichen dafür, dass in Konstanz alle drei Päpste gleich behandelt werden sollten. Ein nächster Rückschlag für Johannes war der Abstimmungsmodus nach Nationen, der die Dominanz seiner zumeist italienischen Anhänger brach.

Als schließlich Gregor XII. am 25. Januar 1415 seinen freiwilligen Rücktritt offerierte, wenn denn auch seine beiden Kontrahenten gleichfalls abträten, musste sich Johannes fortan den Vorwurf gefallen lassen, durch seinen Verzicht auf Resignation die Beendigung des Schismas zu verhindern. Pierre d'Ailly drängte die Pisaner Selbstherrlichkeit argumentativ ins Dilemma: Wer 1409 das Prinzip des freiwilligen und sogar auch erzwungenen Rücktritts der rivalisierenden Päpste anerkannt habe, könne nun in Konstanz kaum gegen die Anwendung desselben Prinzips sein.

Die Überzeugung, dass für die Einheit der Kirche der gleichzeitige Rücktritt aller drei Päpste erforderlich sei, der in letzter Konsequenz auch durch eine gewaltsame Absetzung herbeigeführt werden könne, gewann an immer größerer Wucht, die Johannes als einziger in Konstanz anwesender Papst besonders zu spüren bekam. Polemiken, die seinen unlauteren Lebenswandel und seine Bestechungspraktiken ausmalten, kamen in Umlauf. In dieser für ihn zunehmend kritischen Lage rang sich Johannes Anfang März zur Abdankungsbereitschaft durch, bevor er im Verbund mit Friedrich IV. von Habsburg-Tirol in der Nacht vom 20. auf den 21. März aus Konstanz nach Schaffhausen floh, um sich damit dem unmittelbaren Zugriff durch das Konzil und dem Herrschaftsbereich König Sigismunds zu entziehen.

Die Flucht erscheint rückblickend als durchgeplante Aktion. Kurz nach Mitternacht verließ Friedrich mit dem als Landsknecht verkleideten Papst die Bischofspfalz neben dem Münster. Unerkannt gelangte Johannes XXIII. durch das Kreuzlinger Tor im Süden aus der Stadt. Es folgte ein gemeinsamer Ritt am Südufer des Untersees entlang nach Steckborn. Von dort ging es mit dem Schiff den Rhein hinunter bis Stein am Rhein. Hier wechselte der Herzog wieder aufs Pferd und ritt voraus, sodass er in der Morgendämmerung des 21. März zum Empfang bereitstand, als das Boot mit dem Papst Schaffhausen erreichte.

Ermatingener Groppenfasnacht – ein Privileg des Papstes?

In Ermatingen am Bodensee feiert man die »späteste Fasnacht der Welt«. Erst am 4. Sonntag der Fastenzeit ist der Höhepunkt der sogenannten Groppenfasnacht erreicht. Alle drei Jahre findet dann der Groppenumzug statt, angeführt vom Gropp, einer übergroßen Fischfigur. Der ungewöhnliche Termin soll auf ein Privileg des flüchtigen Johannes XXIII. zurückgehen, ausgestellt zum Dank für die kurzzeitig gewährte Gastfreundschaft und das vorzügliche Abendessen, zu dem es Groppen gab. In der Tat lag Ermatingen auf dem Weg des von Konstanz forteilenden Papstes. Um in den Zeitplan der Flucht hineinzupassen, kann es sich bei dem Gastmahl aber höchstens um einen »Fast-Food«-Fisch um 2 Uhr in der Nacht gehandelt haben.

Das Dekret Haec Sancta

Obwohl sich die Hoffnungen des flüchtigen Papstes Johannes XXIII., das Konzil zu sprengen, nicht unmittelbar erfüllten – nur wenige Kardinäle kamen dem Aufruf nach, ihm zu folgen –, hinterließ er in Konstanz eine Versammlung in Erklärungsnöten. War man ohne Papst noch ein rechtmäßiges Konzil?

Es waren dramatische Stunden in Konstanz: König Sigismund verhinderte mit großem persönlichen Einsatz und durch Absperrung der Stadt ein schnelles Auseinanderlaufen der Versammlung. Mindestens so wichtig war der Auftritt des bedeutenden Theologen und Kanzlers der Pariser Universität, Jean Gerson. Mit seiner berühmten Predigt nach dem Jesuswort »Ambulate dum lucem habetis ...« – »Geht, solange ihr das Licht habt, [...]« (Joh 12,35) wies er am 23. März den verunsicherten Konzilsteilnehmern den Weg, sich eine neue, papstunabhängige, mithin konziliaristische Legitimation zu geben. Nicht der Papst, sondern Christus bilde das oberste Haupt der Kirche, und das Generalkonzil als Repräsentant der Kirche sei weniger eine vom Papst als vielmehr eine vom Heiligen Geist eingesetzte und von Christus her überlieferte Norm, der jeder Mensch, auch der Papst, Gehör und Gehorsam schenken müsse. Die Kirche bzw. das Generalkonzil könne daher auch ohne ausdrückliche Zustimmung oder Mandate des Papstes, selbst wenn dieser korrekt gewählt worden wäre und rechtmäßig leben würde, in bestimmten Fällen versammelt werden, insbesondere dann, wenn eine schwerwiegende Frage der Kirchenleitung entschieden werden müsse, der Papst sich aber weigere, ein Generalkonzil einzuberufen.

Gersons Worte bildeten in den nächsten Tagen den Gegenpol zu den andauernden Bemühungen des geflohenen und nun in Schaffhausen weilenden Papstes, dem zurückgelassenen Konzil jegliche Berechtigung abzusprechen. Erst zögerlich, dann immer überzeugter vertraute man in Konstanz der bisherigen Ungeheuerlichkeit eines papstlosen Konzils. Als am 26. März die erste Sitzung ohne Papst – aber in Gegenwart des Königs – tagte, nahmen nur zwei von zwölf Kardinälen (d'Ailly, Zabarella) und längst nicht alle Bischöfe teil. Viele Kardinäle bestritten im Namen des geflohenen Papstes die Rechtmäßigkeit dieser Sitzung und verlangten den Verzicht auf die am 30. März angesetzte nächste Sessio. Doch in leidenschaftlichen Auseinandersetzungen und in Abgrenzung zu den Kardinälen, die zeitweilig laut um sich geschrien haben sollen, hielten die deutsche, die französische und die englische Konzilsnation am Termin fest.

Den drängendsten Punkt, die papstunabhängige Autorität des Konzils zu begründen, ging das Konzil durch die Abfassung eines Dekrets an, das die konziliaristische Predigt Gersons aufgriff: Das Konzil hat seine Gewalt unmittelbar von Christus und ist im Heiligen Geist – auch ohne Papst – rechtmäßig versammelt. Allerdings goss man diese Gedanken in eine dem Kirchenrecht kompatible Form und berücksichtigte auch die Skeptiker, die eine papstlose Zusammenkunft allenfalls im Falle eines häretischen Papstes gelten lassen wollten. Als Ergebnis lag am 30. März ein scharfsinniger Kompromiss vor, ein Kunstwerk der Vermittlung, das gewohnheitsgemäß nach den ersten Worten des Textes mit Haec Sancta tituliert wird.

Doch im unmittelbaren Vorfeld seiner Verabschiedung verlor dieses Dokument bereits einen Teil seiner Wirkkraft, denn ein Paukenschlag ertönte aus Schaffhausen. Johannes machte sich zur abermaligen Flucht Richtung Westen auf, widerrief sein bisheriges angeblich erzwungenes Abdankungsversprechen und verlangte von seinen Anhängern, sich unverzüglich zu ihm zu begeben. Wollte der Papst gar nach Frankreich fliehen und das Konzil nach Avignon verlagern? Schon früher hatte er mit dieser Stadt als seiner Residenz geliebäugelt. Oder war er auf dem Weg Richtung Mainz, dessen Erzbischof ihm treu verbunden war?

Neuerlich war die Konstanzer Versammlung von der Selbstauflösung bedroht. Abermals musste König Sigismund alle Energie aufwenden, das Konzil beisammenzuhalten und am 6. April zu einer weiteren Sitzung zu versammeln. Angeführt von den Gelehrten der Pariser Universität hatten die Konziliaristen in den erregten Debatten nun Oberwasser. Das Dekret Haec Sancta wurde nachgerüstet, indem nun die Reformkompetenz des Konzils auch auf die Kirchenspitze bezogen wurde, ohne eine ausdrückliche Beschränkung auf die Notsituation eines *papa haereticus*. Klare Strafsanktionen für nichtbeugewillige Päpste wurden formuliert. In dieser Endfassung wurde das Dekret auf der 5. Sitzung des Konzils mit der Zustimmung aller vier Konzilsnationen, aber der Ablehnung aller Kardinäle verabschiedet. In der Folgezeit stieg Haec Sancta zur »Magna Charta des Konziliarismus« auf. Bis heute ziehen sich die Diskussionen, inwieweit das Dekret eine prinzipielle Oberhoheit des Konzils über den Papst definiert und welche Verbindlichkeit ihm außerhalb der konkreten Notsituation von Schisma und Flucht des Johannes zukommt.

Haec Sancta

»Diese heilige Konstanzer Synode bildet ein allgemeines Konzil; zur Beendigung des Schismas, zur Einheit und Reform der Kirche Gottes in Haupt und Gliedern, zum Lob des allmächtigen Gottes, legitim im Heiligen Geist versammelt, verordnet, definiert, beschließt und erklärt sie, um leichter, sicherer, besser und freier die Einheit und Reform der Kirche Gottes zu erreichen, Folgendes:

1. Sie ist im Heiligen Geist legitim versammelt, bildet ein allgemeines Konzil, repräsentiert die katholische Kirche und hat ihre Gewalt unmittelbar von Christus; jeder, gleich welchen Standes und gleich welcher Würde, und sei es auch der päpstlichen, ist ihr zu gehorchen verpflichtet in Dingen, die den Glauben und die Bereinigung des gegenwärtigen Schismas sowie die Reform der Kirche Gottes in Haupt und Gliedern betreffen.
2. Jeder, gleich welchen Standes, gleich welcher Position oder Würde, selbst der päpstlichen, der den Anordnungen, Bestimmungen, Verordnungen oder Vorschriften dieser heiligen Synode und jedes weiteren legitim versammelten Konzils unter diesen Prämissen oder dem, was dazu gehört, hartnäckig den Gehorsam verweigert, verfällt, wenn er nicht zur Besinnung

kommt, einer angemessenen Strafe, wobei auch gegebenenfalls zu anderen Mitteln zu rekurrieren ist.«

(aus: Schatz, Klaus: Allgemeine Konzilien. Brennpunkte der Kirchengeschichte. 2. Auflage, Stuttgart 2008, S. 139)

Sigismunds Vorgehen gegen Friedrich IV.

Die Flucht von Papst Johannes XXIII. aus Konstanz blieb kein innerkirchliches Ereignis, sondern führte auch im Bereich weltlicher Herrschaftsausübungen zu erheblichen Umwälzungen im deutschen Südwesten, die teilweise bis heute nachwirken. Erbost setzte König Sigismund am 30. März Herzog Friedrich von Österreich-Tirol, den Fluchthelfer von Johannes, in die Reichsacht. Dessen gutes Verhältnis zu Venedig, dessen vorderösterreichische Ländereien als Hindernis für einen freien Zugang nach Schwaben, das zunehmende Buhlen der Habsburger um die deutsche Königskrone – dies alles hatte bereits zu Spannungen zwischen beiden Herrschern geführt. Die Fluchthelferschaft bot dem König nun eine nicht ganz unwillkommene Legitimation, Friedrichs Macht zu schröpfen. Sigismund forderte alle in der Nachbarschaft befindlichen Reichsstände auf, die Reichsacht umzusetzen. Sie sollten die jeweils nächstgelegenen Herrschaften des Herzogs in Besitz nehmen und sie als Pfandschaft oder als Eigentum behalten. Die Städte Radolfzell, Freiburg, Endingen, Kenzingen, Laufenburg, Breisach, Dießenhofen, Schaffhausen und Bräunlingen sollten in den Genuss der Reichsunmittelbarkeit gelangen. Eine Lawine kam ins Rollen. Von allen Seiten wurde Herzog Friedrich die Fehde erklärt. Binnen kürzester Zeit wurde der größte Teil der vorderösterreichischen Städte und Herrschaften seiner Gewalt entrissen. Die Gebiete im Thurgau und Hegau nahm Dietrich von Zollern mit einem königlichen Reichsheer ein, die vorarlbergischen Besitzungen eroberte Graf Friedrich VII. von Toggenburg, mit heftigem Ringen um Feldkirch. Im Elsass besetzten der pfälzische Kurfürst Ludwig bei Rhein und Graf Hans von Lupfen österreichische Gebiete. Auch die Eidgenossen nutzten die Gunst der Stunde, drangen nach Norden bis an den Rhein vor und eroberten mit dem Aargau das habsburgische Kerngebiet. Damit fielen auch die Habsburg, Stammsitz von Friedrichs Dynastie, und der wichtige Verwaltungssitz Baden samt habsburgischem Hausarchiv in eidgenössische Hände. Als widerständig erwiesen sich die Gebiete im Breisgau mit der Stadt Freiburg und der Schwarzwald. Als z. B. Säckingen von Basel belagert wurde, sammelten sich friedrichtreue Schwarzwälder Bauern zum Angriff auf die Belagerer. Daraufhin zogen die Basler ab. Auch Waldshut sowie die Landschaft Hauenstein zeigten wenig Lust, dem König zu huldigen, und leisteten Gegenwehr, ebenso Villingen, die vermutlich einzige Stadt im Südwesten, die dauerhaft österreichisch blieb. Bereits nach wenigen Wochen, am 7. Mai 1415, unterwarf sich Friedrich in Konstanz dem König und gelobte, solange als Geisel in der Bodenseestadt zu bleiben, bis alle seine Ländereien und Städte Sigismund gehuldigt hätten. Am 28. März 1416 floh er dann in der Verkleidung eines Minnesängers aus der Haft ins sichere Tirol. Erst nachdem der neugewählte Papst Martin V., der Friedrich wohlgesinnt war, seine Vermittlung anbot, kam es im Frühjahr 1418 zu einer Aussöhnung mit Sigismund. Friedrich sollte nach Möglichkeit wieder in seine vorherigen Gebiete eingesetzt werden, musste dafür jedoch in den nächsten Jahren viel Geld und gute Worte aufbringen. Einige Gebietsverluste konnte er bis zu seinem Tod nicht mehr rückgängig machen: Die Stadt Schaffhausen hielt z. B. an ihrer Reichsunmittelbarkeit fest und schloss sich später der Eidgenossenschaft an. Auch Stein am Rhein kehrte nie mehr unter österreichische Herrschaft zurück. Vor allem aber waren im Aussöhnungsvertrag all jene Gebiete, die die Eidgenossen erobert hatten, von der Zurücklösung ausgeschlossen worden. Der Aargau blieb somit verloren und der Hochrhein die bis heute vorfindliche nördliche Grenze der Schweiz.

Das Ende der Päpste

Die Absetzung von Johannes XXIII., Gregor XII. und Benedikt XIII. schritt unterschiedlich schnell voran. Kaum hatte sich das Konzil mit dem Dekret Haec Sancta eine sichere Basis verschafft, leitete man das weitere Vorgehen gegen Johannes ein. Er solle zurück nach Konstanz kommen und sein Abdankungsversprechen erfüllen. Im anderen Falle würde das Konzil gegen ihn den Prozess als hartnäckigen Schismatiker und Häresieverdächtigen anstrengen.

Es sollten noch knappe zwei Monate vergehen, bis das endgültige Absetzungsurteil den noch kurze Zeit zuvor so selbstbewusst in Konstanz eingezogenen Papst traf. Waldshut, Laufenburg, Todtnau, Freiburg, Breisach und Neuenburg hießen die Stationen seiner Flucht, ehe diese am 27. April in Breisach mit seiner Gefangennahme ihr Ende fand.

Trotz eindringlichen Zuredens durch die Kardinäle Zabarella und Filliastre verweigerte Johannes, der Vorladung nach Konstanz nachzukommen und die freiwillige Abdankung zu vollziehen. Am 13. Mai wurde er zum zweiten Mal vom Konzil öffentlich vorgeladen und der Antrag auf Eröffnung des Papstprozesses und auf Suspension vom Papstamt gestellt.

Als Johannes auch auf die dritte Vorladung (16. Mai) nicht reagierte, wurde er mit großem Aufgebot über den Schwarzwald hinweg zurück an den Bodensee gebracht. Von Radolfzell aus verfolgte er den Prozess. Am 29. Mai schließlich erging das Urteil, ihn als »unwürdig, unnütz und schädlich vom Papstamt samt dessen geistlicher und weltlicher Verwaltung zu entfernen«, symbolisch vollzogen durch die Zerstörung des Papst-

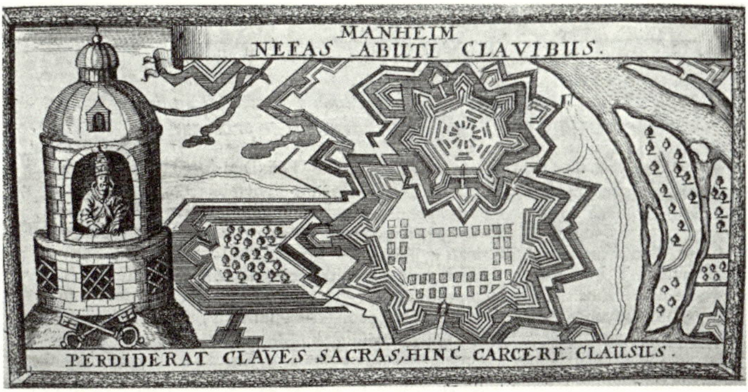

Johannes XXIII., gefangen in Mannheim. Entnommen aus: von der Hardt II. Rerum Concilii Oecumenici Constantiensis, de Pace ac Unione Ecclesiae, 1697.

siegels. Johannes, nun wieder Baldassare Cossa, erklärte seine Zustimmung zur Absetzung und versicherte eidlich, nichts dagegen zu unternehmen, geschweige denn eine Wiederwahl anzustreben. Durch Inhaftierung in der Zollburg Rheinhausen bei Mannheim wurde er für den weiteren Weg zur Kircheneinigung unschädlich gemacht.

Doch 1419 wurde er schließlich durch Martin V. begnadigt und zum Kardinalbischof des Bistums Frascati sowie zum Dekan des Kardinalskollegiums ernannt. Er starb am 22. Dezember 1419 in Florenz, wo er von Cosimo de' Medici ein von Donatello und Michelozzo geschaffenes Grabmal im Baptisterium des Doms erhielt.

Der Fluchtweg Papst Johannes' XXIII. im Jahr 1415

20./21. März: von Konstanz nach Schaffhausen
29. März (Karfreitag): von Schaffhausen nach Waldshut
30. März: von Waldshut nach Laufenburg (Herberge im Gasthaus »Zum Pfauen«)

9./10. April: von Laufenburg über Todtnau und den Schauinsland nach Freiburg; dort Unterkunft im Dominikanerkloster
20. April: Flucht nach Breisach. Am 21. April trifft eine Konzilsgesandtschaft aus Konstanz in Freiburg ein, am 23. reist sie nach Breisach, wo sie am 24. mit dem flüchtigen Papst verhandelt.
25. April: Versuch des Papstes, über die Rheinbrücke zu fliehen. Vom Brückenwärter gehindert, flieht er in österreichischer Begleitung nach Neuenburg, reitet aber aus Furcht, dass die Basler anrücken, abends nach Breisach zurück.
27. April: Gefangennahme in Breisach und Überführung nach Freiburg. Dort bittet ihn die Konstanzer Gesandtschaft nochmals, freiwillig abzudanken, doch vergebens.
15.–17. Mai: Johannes wird von Burggraf Friedrich von Nürnberg mit 600 Mann über den Schwarzwald nach Radolfzell gebracht (unterwegs soll er in Saig bei Lenzkirch die Messe zelebriert haben).
29. Mai: Absetzung durch das Konstanzer Konzil
3. Juni: Überführung nach Gottlieben vor den Toren Konstanz', kurz darauf nach Heidelberg und dann Inhaftierung auf der Zollburg Rheinhausen bei Mannheim

Als relativ pflegeleicht erwies sich der römische Papst Gregor XII., da er von sich aus zur Abdankung bereit war und dies dem Konzil im März 1415 bereits angezeigt hatte. Nur durfte diese Bereitschaft weder als Eingeständnis seiner Illegitimität noch als Anerkennung des Johannes interpretiert werden. Beide Befürchtungen lösten sich mit der Absetzung von Johannes auf.

Einer weiteren Bedingung war das Konzil bereit, sich zu beugen: der Neukonstituierung des Konzils durch Gregor, damit auch für dessen Anhängerschaft die Versammlung als offiziell eröffnet galt. Dieses Theater ging in der 14. Sitzung des Konzils (4. Juli 1415), die eigens nicht von einem mit einer Obödienz vorbelasteten Kardinal, sondern von König Sigismund präsidiert

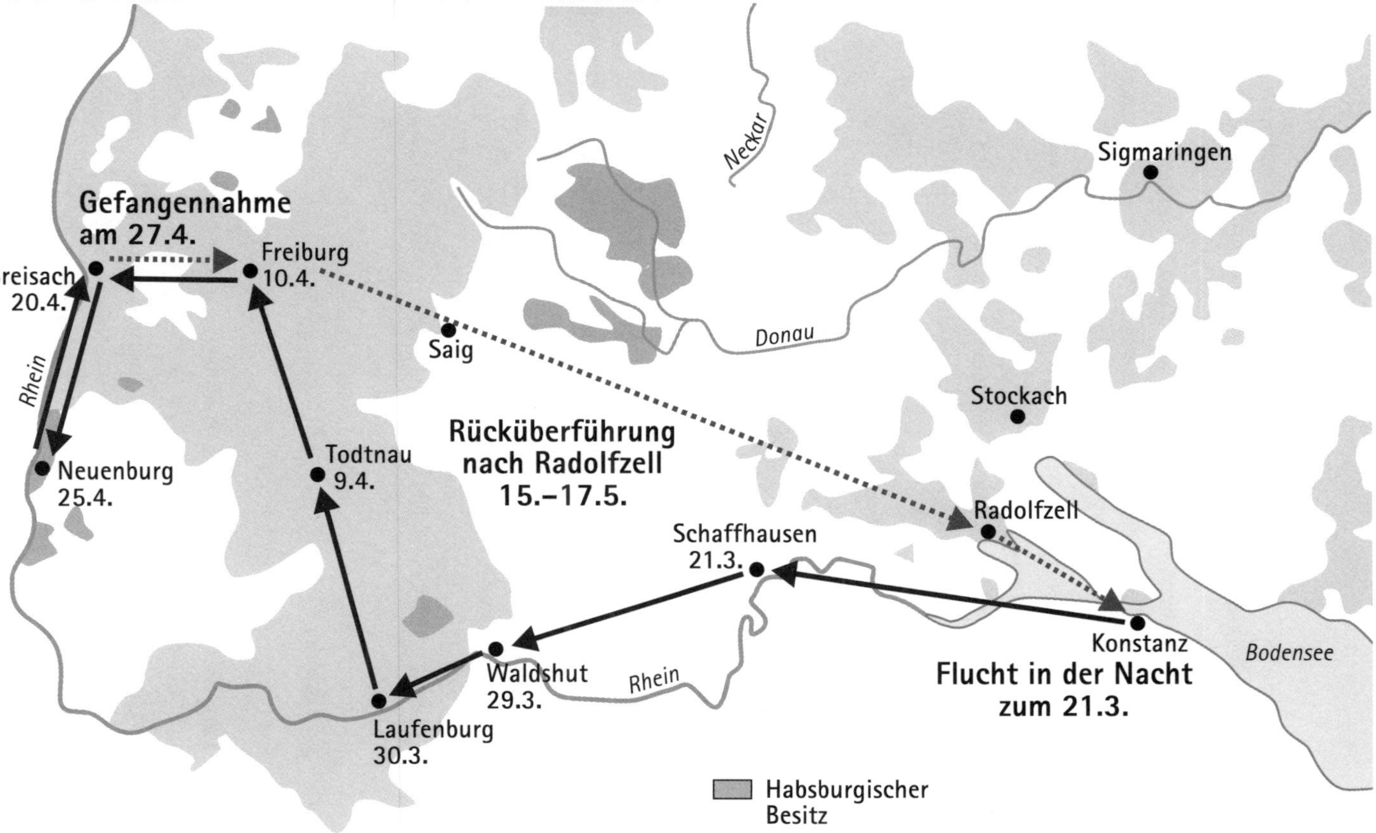
Sigmaringen
Neckar
Donau
Stockach
Gefangennahme
am 27.4.
Freiburg
10.4.
Breisach
20.4.
Saig
Rhein
Neuenburg
25.4.
Todtnau
9.4.
Rücküberführung
nach Radolfzell
15.–17.5.
Radolfzell
Schaffhausen
21.3.
Waldshut
29.3.
Rhein
Laufenburg
30.3.
Konstanz
Bodensee
Flucht in der Nacht
zum 21.3.
Habsburgischer
Besitz

wurde, über die Bühne, indem eine von Gregor verfasste Bulle das Konzil gleichsam nachträglich einberief und autorisierte. Unmittelbar im Anschluss verlas der Legat Carlo Malatesta die Abdankungsurkunde des Papstes. Das Konzil konnte dadurch freudig die Zusammenführung der römischen und der Pisaner Linien verkünden: »Die genannten beiden Obödienzen sind ab jetzt verbunden und geeint in dem einen Leib unseres Herrn Jesus Christus und dieses heiligen Universalkonzils.«

Fernab in seiner Residenz Montefiori bei Rimini legte Gregor seine Papstinsignien nieder. Als Belohnung für seinen Rücktritt ernannte ihn das Konzil zum Legaten der Mark Ancona und Kardinalbischof von Porto-Santa Rufina. Allerdings starb er bereits am 18. Oktober 1417.

Papstrücktritt

An sich ist der Papst auf Lebenszeit gewählt und kann von niemandem aus seinem Amt enthoben werden. Allerdings gibt es die Möglichkeit eines Rücktritts, der in der Kirchengeschichte jedoch höchst selten vorkommt. Coelestin V., der sich den Aufgaben eines Papstes nicht gewachsen sah, entsagte im Jahr 1294 dem päpstlichen Stuhl. Nach dem Rücktritt Gregors XII. zur Wiederherstellung der kirchlichen Einheit in Konstanz sollte der nächste Rücktritt nahezu 600 Jahre auf sich warten lassen: 2013 erklärte Papst Benedikt XVI. seinen Rücktritt, da, wie er selbst erklärte, seine Kräfte infolge des vorgerückten Alters nicht mehr geeignet seien, um in angemessener Weise den Petrusdienst auszuüben.

Langwierig und schwierig gestalteten sich die Verhandlungen mit Benedikt XIII. Sie zogen sich über zwei Jahre hin. Benedikt konnte als Einziger für sich in Anspruch nehmen, bereits vor dem Ausbruch des Schismas 1378 zum Kardinal ernannt worden zu sein und somit quasi in persona an die Zeit der Kircheneinheit anzuknüpfen. Selbst wenn er also abdanken würde, könne bei einer neuerlichen Papstwahl allein er, der seine Kardinalswürde als Einziger nicht von einem Schismapapst erhalten habe, den neuen Papst wählen, wobei er versicherte, sich nicht selbst zu wählen. Dieses durchaus starke Argument, gepaart mit einer starren Rechtsüberzeugung, die keinen Platz ließ für ein papstloses Konzil, das Absetzungsurteile über Päpste auszusprechen meinte, machten es König Sigismund und einer Konstanzer Konzilsgesandtschaft schwer, als sie Benedikt im Herbst 1415 in Perpignan zum Rücktritt bewegen wollten. Immerhin gelang es im Vertrag von Narbonne (13. Dezember 1415), Benedikt weiter zu isolieren. Die drei spanischen Königreiche Kastilien, Aragon und León sowie die Grafen von Foix und Armagnac kündigten ihm die Obödienz auf, schlossen sich dem Konstanzer Konzil an und sträubten sich nicht einmal mehr gegen ein gerichtliches Absetzungsverfahren gegen »ihren« Papst. Benedikts Kardinäle jedoch blieben ihm treu und eine Verhaftung des Papstes scheiterte an den aragonesischen Herrschern.

Das Konzilssiegel

Nach der Absetzung der Päpste musste das Konzil selbst die Aufgaben der päpstlichen Kanzlei übernehmen. Für die Ausfertigung von Urkunden schuf es sich ein eigenes Siegel, das vom 17. August 1415 bis zur Wahl des neuen Papstes im November 1417 in Gebrauch war. Die mit diesem Siegel versehenen Schreiben sollten ausdrücklich gleiches Ansehen genießen wie entsprechende päpstliche Dokumente.
Das Konzilssiegel hat einen Durchmesser von 3,5 cm und ist aus Blei geschlagen. Die Vorderseite führt die ikonographische Tradition der päpstlichen Siegel fort, indem sie die perlenkranzumgebenen Köpfe der Apostelfürsten zeigt: links Paulus, mit glattem Kopf und Barthaar, rechts Petrus, mit Kraushaar und Vollbart. Zwischen beiden Perlenkränzen

Bleisiegel des Konstanzer Konzils

steht ein zepterförmiges Kreuz. Über den Köpfen befindet sich die Aufschrift »S(anctus) PA(ulus) S(anctus) PE(trus)«. Die Rückseite des Siegels musste eine Neuschöpfung werden, da sie normalerweise den Namen des Papstes trug. Konstanz entschied sich für ein gekreuztes Schlüsselpaar mit der Umschrift »S(igillum) SACRE SINODI CONSTANCIEN(sis)«. Damit beanspruchte das Konzil ein zentrales Symbol der päpstlichen Schlüsselgewalt nun für sich selbst.

Erst als ein Jahr später die ersten spanischen Konzilsabordnungen in Konstanz eintrafen, konnte am 5. November 1416 die gerichtliche Absetzung Benedikts in die Wege geleitet werden. Schnell war man sich in Konstanz einig, dass die Nichteinhaltung früherer Rücktrittsversprechen ausreichend sei, gegen ihn als hartnäckigen Förderer des Schismas den Prozess zu eröffnen.

Am 28. November 1416 erfolgte die erste öffentliche Vorladung Benedikts, die sogar unter dem Schutz des aragonesischen Königs Alfons V. von zwei Konzilsgesandten dem Vorgeladenen in der am Mittelmeer gelegenen Burg Peñiscola persönlich überreicht werden konnte. Es entsprach ganz dem Charakter

Benedikts, dass er den Vortrag der Anschuldigungen mehrfach unwillig unterbrach und anschließend in einer schriftlichen Stellungnahme die gegen ihn gemachten Vorwürfe des Schismatreibens und der Häresie heftig zurückwies. Mehr noch: Er ging in die Offensive, sprach dem Konzil jegliches Recht ab, über einen Papst zu richten, brandmarkte jegliche Hinterfragung päpstlicher Vorrechte als Häresie, degradierte das gegenwärtige Konzil zur Anhäufung von Schismatikern und Häretikern und definierte, dass die wahre Kirche allein die um ihn in Peñiscola versammelte sei. Am 8. April 1417 exkommunizierte er die Teilnehmer des Konstanzer Konzils, die seine Absetzung und die Wahl eines neuen Papstes planten.

Konstanz zeigte sich davon unbeeindruckt, und nach Einhaltung aller Fristen und nochmaligen Vorladungen und nachdem Jean Gerson die Stellungnahme Benedikts kritisch analysiert hatte, wurde unter Hinzuziehung vielfältiger Zeugenbefragungen am 1. Juni die endgültige Version der Anklageschrift verfasst. Aufgrund der Verletzung des Glaubensartikels von der »einen, heiligen, allumfassenden Kirche« müsse Benedikt als Häretiker beurteilt und seines Amtes enthoben werden. Rückenwind bekam das Vorgehen durch die Ankunft der Kastilier, des letzten Obödienzrestes Benedikts, in Konstanz.

Am 18. Juni 1417 erfolgten die feierliche Vereinigung mit dem Konzil und die Konstituierung der spanischen als der fünften Konzilsnation. Am 26. Juli 1417 wurde das Absetzungsurteil über Benedikt gesprochen: »Petrus de Luna – Benedikt XIII. genannt – war und ist meineidig, ein Verursacher ständigen Ärgernisses für die Universalkirche, ein Begünstiger und Beförderer des eingewurzelten Schismas und der tiefreichenden Spaltung und Teilung der heiligen Kirche Gottes, ein Behinderer von Frieden und Einheit dieser Kirche, ein schismatischer Störenfried und Häretiker, der vom Glauben abweicht und hartnäckig den Glaubensartikel ›Eine heilige katholische Kirche‹ verletzt.«

Papstnamen sind Programm

In Konstanz konnte das Papstschisma nur deswegen behoben werden, weil man keine Rangunterschiede hinsichtlich der Legitimität der Papstlinien machte. Für das große Ziel der Kircheneinheit waren alle drei Päpste gleichermaßen aufgerufen, auf ihr Amt zu verzichten, sodass mit Martin V. ein unbelasteter Neustart erfolgen konnte. Nachfolgende Päpste nahmen jedoch rückblickende Wertungen zugunsten einer lückenlosen und einheitlichen römischen Linie vor, indem sie bei ihrer Namenswahl die Vertreter der anderen Papstlinien nicht berücksichtigten. 1523 wurde nochmals der Name Clemens VII. besetzt. 1724 erfolgte die Namensdoppelung zu Benedikt XIII. Beide Vertreter der avignonensischen Linie waren damit in den Status nicht mitzuzählender Gegenpäpste degradiert.
Uneinheitlich war der Umgang mit den Pisaner Päpsten. 1492 war von deren Unrechtmäßigkeit noch keinesfalls allgemeingültig die Rede, sodass sich Rodrigo de Borja den Namen Alexander VI. gab. Alexander VII. (1655) und Alexander VIII. (1689) sollten noch folgen. Der Pisaner Papst Alexander V. ist somit in die offizielle Zählung bestens integriert.
Das gegenteilige Schicksal ereilte Johannes XXIII. Jahrhunderte musste er warten, bis sich neuerlich ein Papst diesen häufigsten aller Papstnamen zulegte. Als es aber 1958 so weit war, zählte Angelo Roncalli nur 22 Johannes-Päpste »von unzweifelbarer Rechtmäßigkeit«, nannte sich gleichfalls Johannes XXIII. und strich damit den Konstanz-Flüchtling aus der Liste der legitimen Päpste.

Das Konzil hatte mit diesem Urteil die Frage der Kircheneinheit zu großen Teilen gelöst und schickte sich an, einen neuen Papst zu wählen. In der Tat war die Abfallbewegung von Benedikt beachtlich. Doch in Peñiscola selbst sorgte die erzwungene Absetzung kaum für Unruhe, da das Konzil keine Machtmittel zur Durchsetzung des Urteils und zur Verhaftung Benedikts an der

Hand hatte. Benedikts Ansprüche auf das Papstamt überlebten das Konzil und die Lebensspannen seiner vormaligen Rivalen Gregor XII. (gest. 1417) und Johannes XXIII. (gest. 1419). Selbst nach seinem im Jahr 1423 erfolgten Tod setzten die Nachfolger Clemens VIII. und Benedikt XIV. die spanische Papstlinie bis etwa 1430 fort, ehe sie sich im Dunkeln der Geschichte verliert.

Konklavevorbereitungen

Bereits in der Sitzung am 4. Juli 1415, in der die Vereinigung der Obödienzen Johannes' und Gregors feierlich festgestellt wurde und nur noch der Fall Benedikt gelöst werden musste, nahm das Konzil die zukünftige Papstwahl in den Blick – und unter Kontrolle. Gegenüber möglichen Ansprüchen und Automatismen, die sich aus der Tradition ergeben konnten, legte ein Dekret fest, »dass die nächste Wahl eines künftigen römischen Bischofs hinsichtlich Art, Form, Ort, Zeit und Materie entsprechend den Anordnungen des heiligen Konzils« geschehen sollte. Überdies beanspruchte das Konzil, »beliebige Personen – unabhängig von Stand oder Obödienz in Gegenwart oder Vergangenheit – aktiv und passiv zu dieser Wahl« zuzulassen. Keinesfalls – so die letzte Bestimmung – dürfe das Konzil aufgelöst werden, »bis diese Wahl gefeiert« sei.

Die selbstauferlegte Zuständigkeit für Zeitpunkt und personelle Bestückung des Konklaves sorgte in den nächsten beiden Jahren für reichlich Diskussionsstoff, der im Sommer 1417 zeitweilig gar den Fortgang des Konzils bedrohte.

Konklave

Als Konklave wird jene Versammlung bezeichnet, die einen neuen Papst zu wählen hat. Da die Wähler seit dem Mittel-

alter dabei in einen mit einem Schlüssel (lat.: *cum clave*) verschließbaren Raum gebracht wurden, wird sowohl dieser Raum als auch die Wahl selbst als Konklave bezeichnet.
Üblicherweise fand die Papstwahl an dem Ort statt, an dem der Vorgänger verstorben war. Als 1216 Papst Innozenz III. in Perugia starb, schlossen die Perugianer die Kardinäle ein, um sie vor äußeren Einflüssen zu schützen und zugleich die Wahl zu beschleunigen. Letzteres hatte aber nicht immer Erfolg. Das längste Konklave tagte in Viterbo von 1268 an zwei Jahre, neun Monate und drei Tage. Um die Einigung der Kardinäle zu forcieren, kürzten die Einwohner die Essensrationen und deckten schließlich das Dach ab. Diese Maßnahmen aufgreifend führte Papst Gregor X. auf dem zweiten Konzil von Lyon 1274 strenge Vorschriften für die Papstwahl ein, die Bonifaz VIII. ins Kirchenrecht übernahm. Zehn Tage nach dem Ableben des Papstes hatten sich die Kardinäle mit höchstens einem Diener in einem abgeschlossenen Raum im päpstlichen Palast zu versammeln und bis zur erfolgreichen Wahl in diesem gemeinsamen Saal aufzuhalten. Jeglicher Kontakt nach außen war unterbunden. Durch ein einziges offen gelassenes Fenster wurden die ersten drei Tage noch Speisen nach Belieben gereicht, danach rationierte man die Nahrung. Die nächsten fünf Tage gab es nur noch einen Gang bei Mittag- und Abendessen, nach dieser Frist mussten sich die Wahlmänner mit Brot, Wein (!) und Wasser begnügen.
Der avignonesische Papst Clemens VI. federte 1351 die Schroffheiten der Konklavebestimmungen Gregors etwas ab. Er gestattete den Kardinälen zwei Diener und neben der einen Mahlzeit noch einen kleinen Nachtisch. Außerdem erlaubte er, dass in den Konklavesaal Vorhänge eingezogen werden konnten, hinter die sich die Kardinäle zum Schlafen zurückziehen durften. In dieser abgemilderten Form fand das Konklave in Konstanz statt.

Der Beginn des Konklaves schob sich aufgrund der zähen Verhandlungen mit dem rücktrittsresistenten Benedikt immer weiter nach hinten. Und als der Weg nach dessen Absetzung (26. Juli 1417) endlich frei war, drängte ein zweiter strittiger Punkt in den Vordergrund: Wollte das Konzil zunächst in einem papstfreien Zustand die noch ausstehenden Reformen der Kirche beschließen und dann den Papst gleichsam ins gemachte Nest hineinwählen? Dann müsste die Wahl noch warten, wie es besonders Sigismund, die Deutschen und anfänglich auch die Engländer forderten. Oder war es geboten, schnellstmöglich die Einheit der Kirche unter einem einzigen Papst zu vollenden, koste es auch, dass man fortan in einer gewissen Abhängigkeit von dem Neugewählten arbeiten müsste? Dafür kämpften besonders die Kardinäle sowie die Italiener und Spanier. Wer garantierte aber in diesem Fall, dass der einmal gewählte Papst im Sinne des Konzils agierte? Den ganzen Sommer über zog sich dieser sogenannte Prioritätenstreit, in dessen Hintergrund nach wie vor die unterschiedlichen Verhältnisbestimmungen von Papst und Konzil standen. Konzil vor Papst? Papst vor Konzil?

Schon hier, auf dem Konzil selbst, hob das Gerangel um die richtige Auslegung des Dekrets Haec Sancta an. »Ein Körper ohne Kopf ist schlimmer als alles andere«, gab Pierre d'Ailly zu bedenken. Man müsse dem zukünftigen Papst eine geläuterte, durch die Reform gestärkte Kirche übergeben, entgegneten die Deutschen. Schließlich fand man einen Kompromiss: Die Papstwahl sollte so bald wie möglich beginnen. Zuvor wollte man nur noch die bereits konsensfähigen und abstimmungsreifen Reformvorhaben verabschieden und dem zukünftigen Papst ins Stammbuch schreiben. In der Sitzung am 9. Oktober 1417 verpflichtete man das Kirchenoberhaupt zur regelmäßigen Einberufung von Konzilien und formulierte ein Bekenntnis, das zukünftig von allen Gewählten abzulegen war. Am 30. Oktober 1417 legte man den zu Wählenden prinzipiell darauf fest, dass er das Konzil nicht eher auflösen dürfe, bis ein angehängter

18-Punkte-Reformplan gemeinsam mit dem Konzil abgearbeitet sei.

Im Anschluss an diese Vereinbarungen ging man noch in der gleichen Sitzung zur Verabschiedung von Modus und Form des Konklaves über. Es musste binnen zehn Tagen »in dieser Stadt Konstanz in dem bereits dafür bestimmten Kaufhaus ebendieser Stadt« beginnen.

Eine Regelung fand auch ein zweiter Streitpunkt, der mehr noch als die Terminierung mit dem möglichen Ausgang der Wahl zusammenhing. Wer nämlich durfte ins Konklave ziehen? Seit dem 11. Jahrhundert war dieses Vorrecht den Kardinälen zugewachsen. Nun aber hatten alle Kardinäle – sieht man vom Sonderfall Petrus de Luna (Benedikt XIII.) ab – ihre Würde von Schismapäpsten erhalten. Außerdem herrschte ein gewisses Misstrauen gegenüber dieser Gruppe, hatte doch von ihr her das Schisma mit der Doppelwahl 1378 den Anfang genommen und in Pisa 1409 die dritte Spitze erhalten. Und in Konstanz hatten sich die Kardinäle nicht gerade als Förderer eines selbstbewussten Konzils und seiner Reformwünsche präsentiert. Es stand also zu befürchten, dass sie auch bei der Suche nach einem geeigneten Papst darauf keine Rücksicht nehmen würden. Nicht zuletzt schürte die einseitige regionale Herkunft der Kardinäle Widerspruch. 15 Italiener, sieben Franzosen, ein Spanier, zu denen noch drei weitere hinzustoßen konnten, die bisher noch Benedikt die Treue hielten. Die deutsche und die englische Konzilsnation wären bei einer reinen Kardinalswahl ausgeschlossen gewesen. König Sigismund erregte sich darüber in aller Heftigkeit: »Diese Italiener und Franzosen wollen uns einen Papst geben, bei Gott, sie werden es nicht tun.«

Für eine ausschließliche Berücksichtigung der Kardinäle setzten sich passenderweise auch nur die Purpurträger selbst und die italienische Konzilsnation ein. Zu wenig, um dem neugewählten Papst die so wichtige, möglichst breite Akzeptanz zu ermöglichen. Eine Ergänzung des Kardinalskollegiums um

Die Konklaveteilnehmer

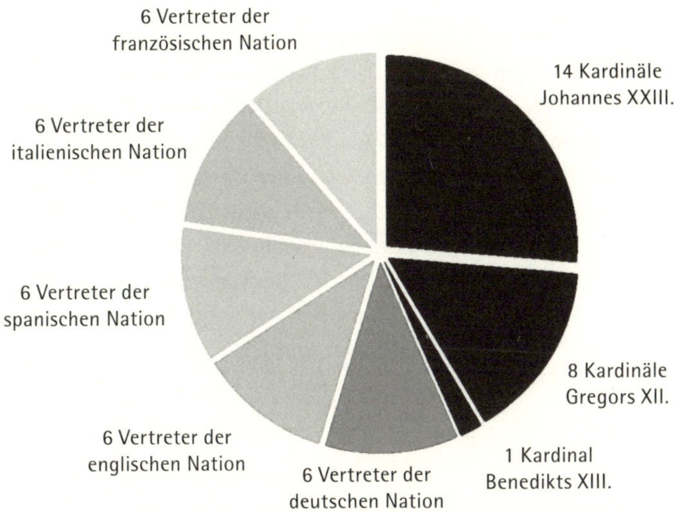

Vertreter aller Konzilsnationen war unerlässlich. Am 30. Oktober 1417 legte man deshalb folgenden Ausnahmemodus für die anstehende Wahl fest: Jede der fünf Konzilsnationen bestimmt »sechs Kirchenobere oder andere ehrwürdige und zu höheren Stufen des Ordo gehörende kirchliche Personen«, die gemeinsam mit den 23 Kardinälen in das Konklave einziehen.

Zum Papst gewählt wird schließlich derjenige, der nicht nur bei zwei Dritteln der Kardinäle, sondern auch bei zwei Dritteln der Vertreter jeder einzelnen Konzilsnation Zustimmung findet. Theoretisch konnten somit von den insgesamt 53 Wählern nur drei Deputierte einer Nation einen Kandidaten verhindern. Zwar stieg damit das Schreckgespenst eines lang andauernden Konklaves auf, doch war auf diese Weise ein Modus gefunden, der eine unzweifelhafte Anerkennung des so lange ersehnten Einheitspapstes garantierte.

Papstwahl heute

Heute ist die Papstwahl im Wesentlichen durch die Konstitution Universi Dominici Gregis Papst Johannes Pauls II. aus dem Jahr 1996 geregelt. Danach wird derjenige zum Papst gewählt, der in geheimer Wahl zwei Drittel der Stimmen der anwesenden wahlberechtigen Kardinäle erhält. Als Wahlort ist der Vatikan festgelegt. Die Wähler werden zwar von der Außenwelt abgeschirmt, aber nicht mehr für die ganze Zeit in der Sixtinischen Kapelle eingeschlossen, sondern sie dürfen im Gästehaus des Vatikans übernachten. Wählbar ist jeder männliche Katholik, der die Voraussetzungen für die Bischofsweihe hat. Tatsächlich wurden aber seit 1389 nur noch Kardinäle zu Päpsten gewählt.

Die Konklaveteilnehmer der deutschen Nation

Während es keinen deutschen Kardinal zur Zeit des Konstanzer Konzils und damit beim Konklave gab, war die deutsche Nation dennoch wie jede andere mit sechs Stimmberechtigten bei der Wahl eines neuen Papstes zur Wiederherstellung der kirchlichen Einheit vertreten. Es waren dies: Johannes von Wallenrode, Nicolaus Tramba, Simon de Dominis, Konrad Koler von Soest, Lambert de Stipite und Nikolaus von Dinkelsbühl. Diese sechs repräsentierten das gesamte Gebiet der deutschen Nation. Drei waren Bischöfe, die übrigen drei stammten aus dem universitären Bereich, hatten aber auch als Gesandte Erfahrungen gesammelt. Bemerkenswert ist insbesondere, dass mit Johannes von Wallenrode ein Deutschordensritter und mit Nicolaus Tramba ein polnischer Bischof vertreten waren, lag doch der Deutsche Orden in ständigem Streit mit Polen. Dieser Streit hatte das Konzil in der Falkenberg'schen Frage beschäftigt (Näheres dazu weiter unten).

Johannes von Wallenrode war zur Zeit des Konklaves Erzbischof von Riga. Er stammte aus einem oberfränkischen Adelsgeschlecht und hatte in Wien und Bologna studiert. Nachdem er 1393 zum Erzbischof von Riga ernannt worden war, trat er in den Deutschen Orden ein. Ab 1402 hielt er sich kaum noch in seinem Bistum auf, sondern fungierte vor allem als Diplomat, zunächst für König Ruprecht, dann für Papst Gregor XII. und schließlich für König Sigismund und die Hochmeister des Deutschen Ordens. Als Rat des Königs spielte er auf dem Konzil eine bedeutende Rolle. Nach Abschluss des Konzils erhielt er von Martin V. als Dank für seine Mitwirkung bei der Wahl das reiche Bistum Lüttich, wo er 1419 auch begraben wurde.

Nicolaus Tramba (Mikołaj Trąba) war einer der engsten Vertrauten des polnischen Königs Wladyslaw Jagiello. 1378 begleitete er ihn bei seiner Reise zur Christianisierung Litauens, später dann auch auf verschiedenen Kriegszügen gegen den Deutschen Orden. Er hatte hohe königliche Ämter inne. Kirchlicherseits war er zunächst Stiftspropst des Stifts St. Florian bei Krakau, ehe er 1410 Erzbischof von Halitsch in der heutigen Ukraine und 1412 Erzbischof von Gnesen wurde, wo er 1422 starb. Martin V. trug ihm die Kardinalswürde an, die er aber ablehnte. Stattdessen wurde er der erste Primas Polens.

Simon de Dominis stammte aus einer adligen Familie von der Insel Rab, 1403 wurde er Bischof von Trau (Trogir) in Dalmatien. Während des Konzils begleitete er König Sigismund auf dessen Reisen nach England und Frankreich. Als Trau 1420 unter venezianische Herrschaft geriet, wurde er als einer der Anführer der antivenezianischen Opposition verbannt und sein Vermögen eingezogen. De Dominis floh nach Ungarn. Dort starb er am 7. Mai 1423.

Unter den Teilnehmern des Konklaves war auch einer, der in besonderer Weise mit dem deutschen Südwesten verbunden war: Konrad Koler von Soest oder in latinisierter Form Conradus de Susato. Aus einfachen bürgerlichen Verhältnissen stammend, führte ihn sein Weg bis zum Bischofsstuhl von Regensburg. Sein Aufstieg begann 1387 mit einem Studium an der erst im Vorjahr gegründeten Universität in Heidelberg, wo er später selbst als Theologieprofessor lehrte. Dreimal bekleidete er das Amt des Rektors. Wie Johannes von Wallenrode war er mehrfach in diplomatischen Missionen für König Ruprecht und Gregor XII. tätig. So nahm er am Konzil von Pisa teil, später dann auch an denjenigen von Pavia-Siena und Basel, wo er den Vorsitz der Dogmatischen Kommission führte. Auf dem Konzil von Konstanz galt er als einer der angesehensten deutschen Theologen. 1428 erfolgte die Erhebung zum Bischof von Regensburg, wo er 1437 starb.

Lambert de Stipite legte 1386 seine Profess als Benediktinermönch im Kloster St. Laurent in Lüttich ab. Er studierte Kirchenrecht in Paris, um es anschließend dort auch zu lehren. 1399 wurde er Prior des Zisterzienserklosters Bertée bei Lüttich, wo er sich sehr um eine Reform bemühte. Er hatte bereits am Konzil in Pisa teilgenommen und gehörte der Delegation an, die 1415 erfolglos versucht hatte, Benedikt XIII. zum Rücktritt zu bewegen. Nach dem Ende des Konzils folgte er Martin V., dem er ein enger Berater wurde, nach Rom. Dort starb er 1424.

Schließlich gehörte zu den deutschen Papstwählern noch Nikolaus von Dinkelsbühl, der ursprünglich Pruntzlein hieß, sich dann aber nach seiner schwäbischen Heimatstadt nannte. Er studierte in Wien und lehrte nach dem Abschluss seiner Studien dort mit großem Erfolg bis zu seinem Tod 1433. Er erhielt den Ehrentitel *Lux Sueviae*, das Licht Schwabens. Mehrere Reisen im Auftrag seines Landesherrn Herzog Albrecht V. von Österreich und der Universität führten ihn nach Rom. Auf dem Konzil war er Mitglied der Glaubenskommission, nach dem Konzil setzte er sich vor allem für eine Reform der Kirche, insbesondere der Klöster, ein. Zahlreiche von ihm verfasste Schriften sind überliefert.

Die Wahl Martins V.

Die Stadt Konstanz hatte dem Konzil bereits im August das damals neue Kaufhaus am Seeufer für die Abhaltung des Konklaves zur Verfügung gestellt. Dem Prinzip der Abschottung gemäß wurden die Fenster zugemauert oder mit Brettern verschalt. Innen blieb es dennoch sehr angenehm. Ja, man konnte sich gar an recht komfortablen Bedingungen erfreuen. Jeder Wähler durfte zwei Begleiter mit ins Konklave nehmen und besaß überdies eine eigene kleine Zelle, die er während der Nacht durch einen Vorhang vom großen Konklavesaal abtrennen konnte – ein Minimum an Rückzugsmöglichkeit von der zum Wählen verpflichteten Zwangsgemeinschaft.

Als die Wähler am verregneten Nachmittag des 8. November 1417 vom Konstanzer Münster kommend in das umgebaute Kaufhaus einzogen, ließen sie vielfältige Gerüchte zurück, wer denn nun gewählt werde. Mal wurde ein englischer Bischof genannt, doch der bedeutendste unter ihnen, Robert Hallum von Salisbury, war am 4. September 1417 verstorben. Auch war der Erzbischof von Narbonne, François de Conzié, im Gespräch,

Das Kaufhaus, in dem das Konklave stattfand, um 1900

10 Artikel zur Durchführung des Konklaves in Konstanz

1. Alle Wahlmänner sollen heute noch vor Sonnenuntergang ins Konklave gehen.
2. Jeder verspreche, nicht mehr als zwei Diener, Priester oder Laien, mit sich ins Konklave zu nehmen.
3. Alle sollen sich mit ihren Bedienten im gemeinschaftlichen Saale aufhalten und weder durch Mauer noch Vorhang voneinander getrennt sein, außer zur Nachtzeit.
4. Alle müssen sich im Konklave einschließen lassen, dass niemand hinein- noch herauskommt; mit niemandem sollen sie insgeheim reden, es sei denn mit Zustimmung aller Anwesenden und um des Wahlgeschäftes willen.
5. Wächter und Hüter des Konklaves dürfen keine Briefe, welche an die Wähler adressiert werden, einhändigen.
6. Nach Eintritt der Wähler soll das Konklave vermauert werden; nur ein Fenster soll offen bleiben, um ihnen die Speisen zu reichen.
7. Die Wähler sollen sich mit einer Schüssel wohlzubereiteter Speisen von Fleisch, Fisch und Eiern begnügen.
8. Keiner soll genötigt werden, ins Konklave zu gehen; nur wenn sich alle weigern, müssen sie dazu gezwungen werden.
9. Wer herausgeht, darf nicht wieder hinzukommen, außer er hat das Konklave aus Gesundheitsgründen verlassen. Sollten alle vor der Wahl hinausgehen, so wären sie wieder zum Eintritt zu nötigen.
10. Abwesende können, falls sie vor Vollendung der Wahl eintreffen, zugelassen werden.

ebenso Jean de Bertrand, der Bischof von Genf. Die Italiener aber hatten mehrfach kundgetan, »sie wollten lieber sterben als einem Deutschen, Engländer oder Franzosen zu gehorchen.«

Innerhalb der Mauern konzentrierte sich das Geschehen schneller als von vielen erwartet auf einen Kandidaten. Der erste – schriftliche, aber nicht geheime – Wahlgang fand am 10. November statt und brachte ein noch recht stark gestreutes Ergebnis. Der Kardinalbischof von Ostia, Jean de Brogny, der venezianische Kardinal Francesco Lando und der Franzose Amadeus de Saluciis, Bischof von Valence und Kardinaldiakon von S. Maria Nuova in Rom, stachen mit einer gewissen Stimmenhäufung hervor. Hinzu kam der eher unscheinbare Oddo di Colonna, Rechtswissenschaftler und Kardinaldiakon an der römischen Kirche San Giorgio in Velabro. Er war 1409 von der römischen zur Pisaner Obödienz gewechselt und hatte in Konstanz höchstens dadurch auf sich aufmerksam gemacht, dass er anfänglich dem flüchtigen Johannes XXIII. gefolgt war. Nun, in den Stunden des Konklaves, schien er der einzige der italienischen Kandidaten zu sein, der unbeschrieben genug war, um auch bei allen anderen Nationen das Vertrauen gewinnen zu können. Schon beim zweiten Wahlgang am Folgetag vereinigte er eine große Zahl an Stimmen auf sich, die besser als bei seinen Konkurrenten über die Nationengrenzen hinweg verteilt waren – beste Voraussetzungen also, um kurz darauf aus der spirituellen Ergriffenheit und dem gesteigerten Einheitsstreben, das die täglich zum Konklavegebäude ziehende, den Heiligen Geist besingende Prozession bei den Wahlmännern auslöste, als Gewählter hervorzugehen. Ohne neuerlichen Wahlgang traten nämlich äußerst rasch weitere Kardinäle und Deputierte der Nennung Colonnas bei. Am längsten zögerten die Franzosen, doch »nach der Länge zweier Paternoster« erfolgte auch hier der Umschwung.

Nach nur zwei Wahltagen konnte am Mittag des 11. November 1417 der Ruf »Habemus Papam« durch die Bodenseestadt schallen. Oddo di Colonna nahm die Wahl an und gab sich mit Martin V. den Namen des Tagesheiligen. Kurze Zeit später wurde der neugewählte Papst gemeinsam mit seinen Wählern vom König zum Münster geleitet, wo eine riesige Menschenmenge den ersten Segen Martins empfing. Da er erst die Subdiakonenweihe

Papst Martin V. wird gewählt. Miniatur aus der Amtlichen Chronik des Diebold Schilling aus der Zeit um 1474 bis 1483

erhalten hatte, musste er in den folgenden Tagen noch die ausstehende Diakonen- und Priesterweihe und dann die Bischofsweihe erhalten, ehe er schließlich am 21. November 1417 vor dem bischöflichen Hof zu Konstanz zum Papst gekrönt wurde.

Mit dem allseits anerkannten Papst Martin V. fand das große abendländische Schisma nach über 39 Jahren sein herbeigesehntes Ende. Das Konstanzer Konzil konnte die *causa unionis* als erledigt betrachten und tagte fortan wieder unter dem Vorsitz eines Papstes.

Martin V.

Martin stammte aus der einflussreichen und weitverzweigten römischen Adelsfamilie der Colonna. Geboren wurde er 1368 in Genazzano und auf den Namen Oddo getauft. Er erhielt

Martin V. Kupferstich, unbez.

eine gründliche Ausbildung und studierte in Perugia Rechtswissenschaft. Unter Papst Urban VI. trat er in päpstliche Dienste, wo er rasch Karriere machte. Unter Bonifatius IX. wurde er Kanoniker an der Lateranbasilika und Apostolischer Protonotar. Innonzenz VII. kreierte ihn zum Kardinal. Martin beteiligte sich am Konzil von Pisa, trat aber weder dort noch anschließend in Konstanz in Erscheinung, ehe er am 11. November 1417 zum Papst gewählt wurde.

Nach dem Abschluss des Konstanzer Konzils kehrte er nach Rom zurück, wo vieles während der Zeit des Schismas aus dem Ruder gelaufen war. Die Kurie, die Verwaltung des Kirchenstaats und nicht zuletzt die Finanzen waren völlig in Unordnung geraten. Martin bemühte sich um einen Wiederaufbau der verkommenen Stadt und war durchaus bestrebt, die dringenden Reformen der Kirche voranzutreiben, konnte aber dabei nur wenige Erfolge verzeichnen.

Auch wenn ihm sehr an einer Stärkung des Papsttums gelegen war, hielt er sich doch strikt an die Konstanzer Dekrete, wie sich an den Einberufungen der Konzile von Pavia-Siena und Basel zeigt.

Sein Lebenswandel wird im Vergleich zu Johannes XXIII. als vorbildlich gerühmt, er sei einfach und mäßig gewesen. Daneben verschaffte er sich durch seine Liebenswürdigkeit, seine Energie und Beharrlichkeit die Achtung seiner Zeitgenossen. Er starb am 20. Februar 1431 er in Rom.

Die großen Aufgaben des Konzils II – Die Fragen des Glaubens *(causa fidei)*

Seit den großen Konzilien des 4. Jahrhunderts gehörte es zu deren eigentlichen Aufgaben, Entscheidungen in Glaubensfragen zu fällen. Die drängendste Aufgabe des Konstanzer Konzils und dessen eigentlicher Grund war sicherlich die Überwindung des Schismas, aber zugleich standen doch von Anfang an auch Glaubensfragen auf der Tagesordnung des Konzils.

Häresie

Schon zu Zeiten, als das Neue Testament entstand, rang die Kirche immer wieder um den rechten Glauben. Dies geschah meist in der Auseinandersetzung mit zwei oder mehr unvereinbaren Ansichten. War die Kirche in der Gestalt der Mehrheit der Bischöfe auf den Konzilien und Synoden zu dem Ergebnis gekommen, dass die eine Ansicht wahr und daher von allen zu glauben sei, so ging damit die Verurteilung der anderen Ansicht einher. Diese verurteilte Ansicht galt dann als Häresie oder Ketzerei, und ihre Anhänger wurden sowohl von der Kirche wie vom Staat verfolgt.

John Wyclif

Ein erster wichtiger Komplex, mit dem sich das Konzil befasste, waren die Lehren des englischen Priesters und Theologen John Wyclif. Geboren um 1330 in Spreswell im Norden Englands, hatte er in Oxford Theologie studiert, um dort ab 1369 selbst zu lehren.

Schon bald erregte er mit seinen Lehren großes Aufsehen und geriet deswegen in Konflikt mit der Kirchenleitung. Wie so oft in der Kirchengeschichte, vermischen sich auch bei Wyclif tagesaktuelle Fragen mit solchen des wahren Glaubens.

John Wyclif. Idealisierendes Phantasieporträt, das erst nach seinem Tod entstand

Aufgrund seiner Studien der Bibel, der er eine gesetzliche Autorität beimaß, kam Wyclif zu einer radikalen Kritik an der Kirche, vor allem an ihrem Besitz, der seinem Ideal des armen Christus widersprach. Bereits 1377 verurteilte Papst Gregor XI. 19 Sätze, die aus Wyclifs Werken zusammengestellt worden waren. Dies bewirkte allerdings kein Umdenken bei Wyclif, sondern nur eine Radikalisierung seiner Lehre.

Neben der Kritik an den kirchlichen Zuständen trat Wyclif mit einer Ablehnung des bis dahin geltenden Sakramenten- und vor allem Eucharistieverständnisses an die Öffentlichkeit. Das Vierte Laterankonzil hatte bereits 1215 die sogenannte Transsubstantiationslehre verbindlich festgelegt. Diese besagt, dass die Substanzen von Brot und Wein bei der Feier der heiligen Messe vollkommen in den Leib und das Blut Christi verwandelt werden; was von ihnen nach der Wandlung sichtbar bleibe, seien lediglich Akzidentien, also ihre äußere Erscheinungsform. Wyclif lehrte hingegen die sogenannte Remanenzlehre. Danach verbleiben auch die Substanz von Brot und Wein nach der Wandlung in den Gaben. Für Wyclif war nicht der leibliche Empfang des Leibes Christi entscheidend, sondern vielmehr der geistliche.

Hinter diesen unterschiedlichen Auffassungen standen entgegengesetzte philosophische Lehren. Während Wyclif Anhänger eines extremen Realismus *(via antiqua)* war, hatte sich in der Philosophie weitgehend der Nominalismus *(via moderna)* durchgesetzt.

Außerdem lehrte Wyclif im Unterschied zur Kirche, dass es bei der Feier der Eucharistie wie aller Sakramente auf die Würdigkeit des Spenders ankomme. Ein unwürdiger Spender, der eine schwere Sünde begangen habe, könne nicht wirksam ein Sakrament spenden.

Vor allem nach dem Schisma stellte er das Papsttum in Frage und forderte statt der universalen Kirche mit ihrer Hierarchie eine Kirche der Prädestinierten, der frommen Männer und Frauen, die für das ewige Leben im Himmel auserwählt seien.

Als eine Kommission der Universität Oxford Wyclifs Lehren als häretisch verwarf, zog er sich auf die Pfarrei Lutterworth zurück, wo er jedoch weiterhin theologische Werke verfasste und eine große Wirkung entfaltete. Er verstarb 1384.

Obwohl in den folgenden Jahren wiederholt verschiedene Sätze aus seinen Werken als häretisch verurteilt wurden, gewannen seine Lehren weitere Anhänger. In England verbreiteten Laienprediger, die sogenannten Lollarden, seine Ansichten, und auch an der Universität Oxford wurden sie weiterhin von einigen Professoren gelehrt. Studenten aus Böhmen, unter ihnen Hieronymus von Prag, brachten sie auch nach Prag, wo sie von verschiedenen Theologen aufgegriffen und weiterentwickelt wurden. Daher sah sich das Konstanzer Konzil veranlasst, erneut eine Prüfung der Lehren Wyclifs vorzunehmen.

Am 6. April 1415, auf derselben Sitzung, auf der das Dekret Haec Sancta beschlossen wurde, setzte das Konzil sowohl die Lehren Wyclifs als auch Jan Hus' erneut auf die Tagesordnung.

Die Lehren Wyclifs lagen in Form von 45 Thesen vor, die teilweise schon den früheren Verurteilungen zugrunde lagen. Diese Thesen waren allerdings meist keine wörtlichen Zitate aus den Werken Wyclifs, sondern vergröbernde Zusammenfassungen einzelner Leitgedanken daraus. Schließlich erließ das Konzil am 4. Mai 1415 ein Dekret, das übrigens später von Papst Martin V. bestätigt wurde, in dem die 45 Sätze verworfen wurden.

Jan Hus

Während die Fragen um die Lehren Wyclifs, der ja bereits 1384 verstorben war, vom Konzil sehr rasch abgehandelt werden konnten, nahm die Auseinandersetzung um die Lehren Jan Hus' breiteren Raum ein. Neben der Überwindung des Schismas durch die Wahl Martins V. hat sich vom Konstanzer Konzil der Prozess um Jan Hus wohl am tiefsten in das kollektive Gedächtnis eingegraben, nicht zuletzt deshalb, weil seine Lehren noch lange nachwirkten und schon manches vorwegnahmen, was rund 100 Jahre später Martin Luther erneut aufgreifen sollte.

Jan Hus wurde in Husinec in Südböhmen um 1370 geboren. Obwohl er aus einfachen Verhältnissen stammte, konnte er dennoch ab 1390 an der Karls-Universität in Prag studieren, zunächst an der Artistenfakultät, an der er 1396 den Grad eines Magisters erwarb und sodann selbst lehrte. Zugleich studierte er an der Theologischen Fakultät. 1402, zwei Jahre nach seiner Priesterweihe, übernahm er zudem das Amt des Predigers an der Prager Bethlehemkapelle.

Durch seine auf Tschechisch gehaltenen Predigten, in denen er eine biblisch motivierte individuelle Christusfrömmigkeit forderte und zugleich den Klerus wegen seines üppigen Lebenswandels angriff, und aufgrund seiner eigenen Integrität und Glaubwürdigkeit erwarb er sich vor allem beim tschechischen Bevölkerungsteil Prags hohes Ansehen.

Ab 1389 befasste er sich mit Schriften John Wyclifs, denen er in weiten Teilen begeistert zustimmte und von denen sein Werk weitgehend geprägt ist.

Wie Wyclif wandte sich Hus zunächst gegen die Habsucht und die Verdorbenheit weiter Teile des Klerus und gegen den Besitz der Kirche, den er im Widerspruch zur Botschaft des Evangeliums sah. Die Forderungen nach einer umfassenden Reform wurden aber auch von vielen anderen Seiten erhoben und können keineswegs als häretisch angesehen werden. Was Hus aber vor allem mit der Kirche in Konflikt brachte, war sein Kirchenverständnis, das er in seiner Schrift *Von der Kirche (De ecclesia)* zusammenfassend darlegte. Die Kirche ist für ihn keine universale, der der Papst vorsteht, sondern eine Gemeinschaft der Prädestinierten, der mystische Leib des Herrn. Dessen Haupt ist allein Christus, weswegen Hus die hierarchische Struktur mit dem Papst, den Kardinälen, Bischöfen und Priestern ablehnte. Die sichtbare Kirche besitzt eine legitime Funktion nur, sofern sie das Gesetz Gottes, wie es im Evangelium niedergelegt ist, verkündet und die Wahrheit Christi praktisch lebt. Die Autorität der Bibel stellte Hus über diejenige der Kirche. Zudem räumte er dem Gewissen einen hohen Stellenwert ein.

Immer wieder wurde Hus vorgeworfen, er folge der Remanenzlehre Wyclifs und stehe damit im Widerspruch zur Transsubstantiationslehre. Diese Anschuldigen trafen Hus jedoch zu Unrecht.

1409/10 amtete Hus als Rektor der Prager Universität, was ihm eine herausgehobene Stellung nicht nur an der Universität, sondern darüber hinaus in Prag und Böhmen verlieh. Regiert wurde das Land von Wenzel IV., einem Bruder Sigismunds. Er war seinem Vater Karl IV. als deutscher König nachgefolgt, dann jedoch wegen Untätigkeit als König des Deutschen Reiches abgesetzt worden. Mit Unterstützung Sigismunds gelang es ihm aber, sich weiterhin in Böhmen zu halten, auch wenn er immer wieder in kriegerische Auseinandersetzungen verwickelt war und mehrfach gefangen genommen wurde.

Wenzel IV. galt als sprunghaft, unzuverlässig und gewalttätig. So schreckte er in der Auseinandersetzung mit der Kirche auch vor Folter und Mord nicht zurück, wie sich am Martyrium Johannes Nepomuks zeigt, den König Wenzel 1393 in der Moldau ertränken ließ.

Die Unfähigkeit und Unwilligkeit Wenzels, das Land zu regieren, führte zu vielen Turbulenzen und Spannungen im Land. Hinzu kamen die immer deutlicher hervortretenden Streitigkeiten und Auseinandersetzungen zwischen Deutschen und Tschechen. Stellten die Deutschen die einflussreiche Oberschicht, bildeten die Tschechen die deutliche Mehrheit im Land, weswegen sie immer massiver auf größeren politischen Einfluss pochten.

Die politischen Streitigkeiten setzten sich in theologischen Fragen fort. Während die Tschechen die Lehren Wyclifs auf immer breiterem Raum übernahmen, lehnten die Deutschen sie ab. Zudem neigten die Deutschen der römischen Obödienz zu, während die Tschechen der Pisaner Obödienz folgten.

Als König Wenzel IV. das Übergewicht der Deutschen bei den Entscheidungen der Universität zugunsten der Tschechen veränderte, zogen viele deutsche Magister aus Prag fort, was zur Gründung der Universität Leipzig führte. Zugleich bedeutete aber ihr Wegzug eine Stärkung des Wyclifismus, da nun mit den Deutschen ein maßgeblicher Gegenpol fehlte.

Der Prager Erzbischof versuchte jedoch weiterhin, die Ausbreitung der Lehren Wyclifs durch Predigtverbote und Einziehung aller Wyclif'schen Schriften zu verhindern. Als dagegen fünf Studenten an die päpstliche Kurie appellierten, wurden die Streitigkeiten, die bisher ausschließlich in Böhmen ausgefochten wurden, nach außen getragen. Papst Alexander V. (Pisaner Obödienz) erließ eine Bulle, die den Erzbischof stärkte. Daraufhin appellierte wiederum Hus an den Papst. Ab diesem Zeitpunkt war Hus Beteiligter in einem kirchenrechtlichen Verfahren vor der päpstlichen Kurie, das mit seiner Verurteilung und Hinrichtung enden sollte.

Die Kurie lud Hus aufgrund seiner Appellation vor. Dieser folgte der Ladung jedoch nicht, weswegen er – wie es die Verfahrensregeln vorsahen – ohne inhaltliche Prüfung seiner Anliegen exkommuniziert wurde. Hus jedoch ignorierte den gegen ihn gerichteten Bann und predigte weiter in Prag und hielt Gottesdienste ab.

Das Verfahren, bei dem die Gegner Hus' auch vor Bestechungen und moralisch zweifelhaften Winkelzügen nicht zurückschreckten, zog sich die nächsten Jahre hin. Als König Wenzel, der zunächst über Hus seine schützende Hand hielt, im Jahr 1412 einen Kreuzzugsablass Johannes' XXIII. unterstützte, wandte sich Hus dagegen. So verlor er dessen Schutz und musste Prag verlassen. Zuflucht fand er auf verschiedenen Burgen tschechischer Adliger. Dort arbeitete er unermüdlich an zahlreichen Schriften, durch die er seine Lehren weiter ausformulierte und verbreitete.

Als dann das Konzil nach Konstanz einberufen wurde, hatten viele ein Interesse daran, dass sich Hus an den Bodensee begab. So wollten König Wenzel und dessen Bruder Sigismund Böhmen vom Anschein der Ketzerei befreien und wieder geordnete Verhältnisse in der Kirche herstellen. Die Anhänger Hus' wollten eine Bestätigung der Rechtgläubigkeit der Hus'schen Lehren, während seine Gegner eine Verurteilung anzielten.

Hus zögerte zunächst, an den Bodensee zu reisen, weil er um sein Leben fürchtete. Schließlich entschied er sich doch, am Konzil teilzunehmen, wenn ihm sicheres Geleit zugesichert würde. Dabei schätzte er seine Position völlig falsch ein. Er sah sich nicht als Verfahrensbeteiligter in einem Verfahren vor der päpstlichen Kurie, sondern als Theologe, der den Konzilsteilnehmern seine Ansichten und Lehren vortragen wollte, um sie von deren Rechtmäßigkeit und Rechtgläubigkeit zu überzeugen.

Als Hus am 3. November 1414 in Konstanz eintraf, erhielt er einen Geleitbrief, den König Sigismund bereits im Oktober ausgestellt hatte. Er wies darin alle Untertanen an, Hus, der unter dem Schutz des Reiches stehe, in Freiheit reisen, bleiben und zurückkehren zu lassen. Von Johannes XXIII. wurde er sogar persönlich empfangen. Die Exkommunikation, die ja zunächst wegen seines Nichterscheinens vor der Kurie erlassen worden war, hob man auf.

Hus konnte sich zunächst völlig frei in der Stadt bewegen. Als aber in den folgenden Wochen seine Gegner in Konstanz ankamen und beim Papst ihre Anschuldigungen vorbrachten, wurde Hus Ende November festgenommen. Die halbherzigen Proteste des Königs, der Johannes XXIII. die Jurisdiktion in Konstanz zugestanden hatte, blieben erfolglos. Von nun an war Hus Gefangener.

Als Erstes forderten ihn die Ankläger auf, sich zu bestimmten Punkten der Wyclif'schen Lehre zu äußern. Hus erklärte daraufhin, manches habe er nie gelehrt, anderes legte er so aus, dass

Jan Hus auf dem Konstanzer Konzil, wie es das 19. Jahrhundert sah. Holzstich nach einem Gemälde Karl Friedrich Lessings (1808–1880)

ihm daraus kein Vorwurf der Häresie gemacht werden konnte. Daraufhin legte man ihm Artikel vor, die sein eigenes Kirchenverständnis betrafen. Hier gelang es Hus nicht, die Ankläger zu überzeugen. Vor allem seine Lehre von der Kirche als einer Gemeinschaft der Prädestinierten und seine Behauptung, der Primat über die ganze Kirche sei den Päpsten von den Kaisern, nicht von Christus übertragen worden, ließ sich nicht mit dem kirchlichen Glauben in Einklang bringen.

Trotz der Flucht Johannes' XXIII. ging das Verfahren gegen Hus unvermindert weiter. Am 5. Juni 1415 wurde die Anklageschrift in Abwesenheit Hus' verlesen. Darauf sollte sogleich die Verurteilung erfolgen, was aber durch das Einschreiten König Sigismunds verhindert wurde. Der König bestand auf einer persönlichen Vernehmung Hus', sodass dieser die Gelegenheit bekam, vor dem Konzil zu den Vorwürfen Stellung zu nehmen. Allerdings war seine Position dadurch geschwächt, dass zuvor ein Brief Hus' an seine böhmischen Freunde und Unterstützer verlesen wurde, der freilich in verdrehender Weise aus dem Tschechischen ins Lateinische übersetzt worden war. Nach der fehlerhaften lateinischen Übersetzung enthielt der Brief folgenden Satz: »Sollte es eintreten, dass ich abschwöre, so wisset, dass ich es nur mit dem Munde tun und nicht mit dem Herzen zustimmen werde!« Damit war alles, was Hus fortan sagte, unter den Verdacht der Unaufrichtigkeit gestellt. Allerdings verlief die Vernehmung am 5. Juni erfolglos, da die Versammlung so erhitzt verlief, dass sie in Geschrei und Tumult unterging.

Am 7. und 8. Juni fanden weitere Verhöre Hus' vor dem Konzil statt. Zunächst versuchte man, ihm nachzuweisen, dass er Wyclifs Lehren vertrete, was aber nicht gelang, insbesondere konnte Hus nicht nachgewiesen werden, dass er ein Befürworter der Remanenzlehre sei. Am folgenden Tag wurden ihm dann 39 Artikel vorgehalten, die aus seinen eigenen Werken stammten. Wiederum ging es vor allem um Hus' Kirchenverständnis und um das Problem des unwürdigen kirchlichen Amtsträgers.

Es zeigte sich, dass viele Anschuldigungen gegenüber Hus zu Unrecht erhoben worden waren. Allerdings war sein Kirchenbegriff in der Tat nicht mit dem kirchlichen Glauben zu vereinbaren und wurde daher als häretisch angesehen. Kardinal Pierre d'Ailly stellte Hus am Ende des Verhörs vor die Alternative, er solle sich entweder ganz der Gnade des Konzils überlassen, wobei er sicher sein könne, dass man milde und menschlich mit ihm verfahren werde, oder er fordere eine neuerliche Anhörung, die man ihm gewähren werde.

Hus lehnte es ab, sich dem Konzil zu unterwerfen, da er eine Reihe der vorgelegten Behauptungen überhaupt nicht gelehrt habe. Er mache sich einer Lüge schuldig, wenn er ihnen abschwöre. Grundsätzlich sei er aber bereit, sich den Belehrungen des Konzils zu unterwerfen.

Die Konzilsväter und auch König Sigmund waren nach dem Verhör am 8. Juni von Hussens Schuld und von der Notwendigkeit, ihn mit kirchlicher und weltlicher Strafe zu belegen, überzeugt. Trotzdem hörten die Versuche, ihn zum Widerruf zu bewegen, nicht auf. Die Klageartikel gegen ihn wurden erneut durchgesehen und überarbeitet, einige wurden vollständig fallen gelassen, andere abgemildert, wodurch dann ihre endgültige Fassung entstand. In dieser abgemilderten Form wurden sie Hus am 18. Juni als Ganzes vorgelegt, der am 20. Juni mit der Feststellung antwortete, er habe die Wahl zwischen Widerruf und Annahme der Buße oder dem Scheiterhaufen. Offensichtlich hatte er sich bereits entschieden, zu beharren und nicht zu widerrufen.

Obwohl ihm nochmals eine abgemilderte Widerrufsformel vorgelegt wurde, wich Hus von seinem Standpunkt nicht ab: Er sei nicht bereit, die richtig aus seinen Büchern zitierten Artikel als ketzerisch anzuerkennen, und er sei nicht bereit, den Artikeln, die ihm durch falsche Zeugen untergeschoben worden seien, abzuschwören, denn abzuschwören sei das Eingeständnis, dass er Irrlehren vertreten habe. Gott wisse, dass er diese Irrlehren, die in bösartiger Absicht ausgedacht worden seien, niemals gepredigt habe.

Auch dieses Mal erklärte er sich bereit, alles zu widerrufen, wenn ihm ein Irrtum nachgewiesen werde. Er beharre somit auf einer Belehrung, die ihm jedoch nicht zuteil geworden sei. Hus bestand unverändert auf seiner Forderung nach Verteidigung durch eine freie Diskussion. Wenn er dabei überzeugt und belehrt werde, werde er widerrufen. Darauf konnte das Konzil jedoch aus seinem Selbstverständnis heraus nicht eingehen, denn es verstand sich hier als ein Gericht, und ein Gericht tritt nicht mit dem Beschuldigten in Disputationen ein und belehrt ihn auch nicht, sondern beurteilt seine Schuld und fällt dann das Urteil.

Trotz vielerlei Bemühungen gelang es nicht, Hus zum Widerruf zu bewegen. Vielmehr ermutigte er seine Anhänger in Böhmen durch Briefe, an seiner Lehre festzuhalten. Am 5. Juli erging an Hus noch einmal eine Aufforderung zum Widerruf, die er nicht anders beantwortete als die früheren. Damit war sein Schicksal endgültig besiegelt. Der folgende Tag vereinte das Konzil zur feierlichen Vollversammlung in Anwesenheit des Königs im Münster. Nach der Predigt wurden nochmals die wichtigsten der zu verurteilenden Artikel Hus' verlesen. Am Ende der Sitzung wurde das Urteil gefällt, worauf Hus laut um Vergebung für seine Feinde betete.

Hus wurde daraufhin aus dem Klerikerstand ausgestoßen, wodurch er nicht mehr der Gerichtsbarkeit des Konzils, sondern der weltlichen unterstand. Er wurde der weltlichen Macht übergeben und vor die Stadt auf den Brühl geführt, wo er am 6. Juli 1415 auf dem Scheiterhaufen verbrannt wurde. Seine Asche wurde in den Rhein gestreut.

Hatte das Konzil gehofft, durch die Verurteilung und Verbrennung Jan Hus' und seiner Schriften die von ihm vertretenen Lehren ausrotten zu können, so erreichten sie in Böhmen geradezu das Gegenteil. Für seine Anhänger war er zum Mär-

Die Verbrennung Hus' aus der Spiezer Chronik Diebold Schilling d. Ä. (1485)

tyrer geworden. Der Großteil der tschechischen Bevölkerung wie auch viele Adlige solidarisierten sich noch intensiver mit ihm und seinen Lehren und sahen sich durch seine Verurteilung selbst angegriffen. 452 tschechische Adlige protestierten sogar beim Konstanzer Konzil gegen die Hinrichtung.

Als äußeres Zeichen waren die Anhänger Hus' mittlerweile dazu übergegangen, die Kommunion nicht mehr nur unter dem Zeichen des Brotes zu reichen, wie es üblich war, sondern auch unter dem Zeichen des Weines als Kelchkommunion, obwohl Hus dies nie gelehrt hatte. Die Praxis der Kelchkommunion wurde so zu einem wesentlichen äußeren Unterscheidungsmerkmal der Hussiten.

Die Verurteilung Hus' aus heutiger Sicht

War die Verurteilung und Hinrichtung nach den zeitgenössischen Maßstäben korrekt und nach den rechtlichen Vorgaben weitgehend einwandfrei vonstattengegangen, so ist die Hinrichtung eines Menschen wegen seiner Glaubens- und Gewissensüberzeugung nach heutigen Maßstäben nicht nur zu bedauern, sondern uneingeschränkt abzulehnen. Das drückte auch Papst Johannes Paul II. 1999 anlässlich eines Historikerkongresses aus. Er bezeichnete Hus als »bedeutenden Lehrmeister«. Vor allem »sein sittlicher Mut im Angesicht der Widrigkeiten und des Todes« habe ihn »zu einer herausragenden Gestalt für das böhmische Volk gemacht«. Zugleich fühlte sich der Papst verpflichtet, sein »tiefes Bedauern auszusprechen für den grausamen Tod von Jan Hus und für die daraus folgende Wunde, Quelle von Konflikten und Spaltungen, die dadurch in den Geist und die Herzen des böhmischen Volkes gerissen wurde«.

Das Konzil in Konstanz hatte sich in den folgenden Monaten, ja bis zu seinem Ende, immer wieder mit den Verhältnissen in Tschechien und mit den Lehren Hus' zu befassen. Eigens hervorgehoben sei hier noch der Prozess gegen Hieronymus von Prag, einen Mitstreiter Hus' und glühenden tschechischen Patrioten, der 1399/1400 in Oxford studiert und von dort Werke Wyclifs nach Prag mitgebracht hatte. Vor allem durch seine große Begabung als Redner und Agitator trug er viel zur Ausbreitung der Lehren Wyclifs und insbesondere Hus' bei, den er als Heiligen ansah. Schließlich wurde er in einem über Monate andauernden Verfahren wie Hus zum Tode verurteilt und am 30. Mai 1416 als Ketzer verbrannt.

Hatte das Konzil durch die Verfahren gegen Jan Hus und Hieronymus von Prag die Einheit im Glauben bewahren wollen, so hatte es die Abspaltung eines ganzen Landes von der römischen

Kirche bewirkt. Die Lage in Tschechien spitzte sich in den folgenden Jahren weiter zu, was schließlich zu den Hussitenkriegen führte, die von 1419 bis 1434 geführt wurden. 1485 konnten die Hussiten im Kuttenberger Religionsfrieden die endgültige landgesetzliche Anerkennung erreichen.

Zur Frage des Tyrannenmordes: Fall 1 – Herzog Johann von Burgund

Ein weiteres wichtiges Thema neben der Auseinandersetzung mit den Lehren Wyclifs und Hus', das auf dem Konzil behandelt wurde und ebenfalls zu den Glaubensfragen zählt, war die Frage, ob die Tötung eines Tyrannen erlaubt sei. Ähnlich wie bei Hus waren auch hier konkrete politische Verhältnisse mit im Spiel, nämlich der Machtkampf zwischen dem französischen Königshaus und dem Herzog von Burgund.

Am 23. November 1407 hatte Johann ohne Furcht, Herzog von Burgund, seinen Vetter Ludwig von Orléans, den Bruder des geisteskranken Königs Karl VI., ermorden lassen. Durch die Beseitigung des Konkurrenten wollte er seine Machtposition am königlichen Hofe ausbauen. Als bekannt wurde, dass der Burgunderherzog hinter dem Attentat steckte, entzog dieser sich einer Bestrafung, indem er den Franziskaner Jean Petit, Magister an der Pariser Universität, mit einer Rechtfertigung beauftragte. Jean Petit hatte daraufhin dieses Verbrechen nicht nur gerechtfertigt, sondern sogar erklärt, es sei verdienstvoll, diejenigen zu ermorden, die sich gegen die Sicherheit und den König und die Krone verschworen hätten. Da in den Augen Johanns von Burgund Ludwig von Orléans ein Tyrann gewesen sei, der sich eben gegen den König verschworen habe, sei er, Johann von Burgund, als Tyrannenmörder gerechtfertigt.

Gegen diese These hatte sich schon bald Widerstand formiert, der von Jean Gerson angeführt wurde. Bereits am 23. Februar

Jean Gerson. Statue an der Sorbonne in Paris von Joseph Félon

1414 hatten der Erzbischof von Paris sowie die Universität die Lehre des mittlerweile bereits verstorbenen Jean Petits verurteilt und seine Schriften verbrennen lassen. Zu seiner eigenen Rechtfertigung hatte daraufhin der Herzog von Burgund an den Papst appelliert, der diese Streitfrage aber nicht behandelt hatte, sodass sie nun vor das Konzil gelangte.

Gerson wurde seitens des Königs von Frankreich und der Pariser Universität, deren Kanzler er war, nach Konstanz geschickt, um sich besonders dieser Frage anzunehmen, während Johann von Burgund den Bischof von Arras, Martin Porée, entsandte.

In derselben Sitzung, in der das Urteil über Jan Hus gefällt wurde, am 6. Juli 1415, verurteilte das Konzil den Grundsatz des Tyrannenmordes. Es erklärte, dass der Satz, dass jeder beliebige Tyrann erlaubtermaßen und verdienstvollerweise von einem jeden seiner Untertanen getötet werden könne und müsse, häretisch sei.

Allerdings konnten Gerson und die königliche Partei damit nicht völlig zufrieden sein, da Jean Petit, der bereits 1411 verstorben war, nicht namentlich erwähnt wurde. Vor allem sah sich nun aber Martin Porée ermutigt, gegen die Verurteilung Jean

Petits durch den Pariser Erzbischof vorzugehen, da dieser dabei seine Kompetenzen überschritten habe. Jean Gerson und mit ihm der französische Kardinal Pierre d'Ailly protestierten hiergegen, woraufhin nun Gerson beschuldigt wurde, ein Häretiker zu sein.

Die Verhandlungen schleppten sich die kommenden Jahre hin. Eine Kommission erklärte die Thesen Jean Petits für rechtgläubig. Dagegen erhob nicht nur Gerson heftigen Protest. Zahlreiche Pamphlete waren im Umlauf und selbst König Sigismund nahm sich des Streits an, ohne dass es zu einem weiteren Beschluss des Konzils gekommen wäre. Die Streitfrage blieb damit letztlich unerledigt.

Jean Gerson musste einen hohen Preis für sein standhaftes Eintreten zahlen. Er konnte nach dem Konzil nicht nach Paris zurückkehren, denn dort hatte mittlerweile die Partei des Herzogs von Burgund die Oberhand, dessen Unmut er sich mit seinem Einsatz gegen die Rechtfertigung des Tyrannenmordes zugezogen hatte. Nach dem Ende des Konzils ging er zunächst nach Rattenburg und Neuburg am Inn, dann ins Kloster Melk in Österreich, wo er weiter schriftstellerisch tätig war. Erst nachdem am 10. September 1419 Herzog Johann von Burgund ermordet worden war, konnte Gerson nach Lyon übersiedeln, wo ein Bruder von ihm als Coelestinermönch lebte. Dort verbrachte er die letzten zehn Jahre seines Lebens bis zu seinem Tod 1429.

Zur Frage des Tyrannenmordes: Fall 2 – Johannes Falkenberg

Nach dem Streit um die Rechtfertigung des Tyrannenmordes im Fall des Herzogs Johann von Burgund wurde die Frage, ob ein fremder Herrscher getötet werden dürfe, ja dies aus christlicher Sicht sogar eine Pflicht sei, noch einmal auf dem Konzil aktuell.

Aber auch hier war eine unvoreingenommene Erörterung unmöglich, da sich wiederum politische nicht von theologischen Fragen trennen ließen.

Hintergrund dieses Streits, der vor allem mit dem Namen des Dominikaners Johannes Falkenberg (um 1365–1435) verknüpft ist, waren die Auseinandersetzungen zwischen dem Deutschen Orden einerseits und Polen und Litauen andererseits. Der Deutsche Orden hatte 1410 in der Schlacht bei Tannenberg durch das polnisch-litauische Heer unter König Wladyslaw Jagiello und seinem Vetter Großfürst Witold, die beide erst als Erwachsene getauft worden waren, eine empfindliche Niederlage erlitten. Um strittige Fragen zwischen den beiden Kriegsparteien zu klären, unterwarfen sich diese einem Schiedsspruch König Sigismunds, den dieser auf dem mittlerweile einberufenen Konzil fällen wollte.

Auch wenn es nicht dazu kam, bewegte der Konflikt zwischen dem Deutschen Orden und Polen-Litauen das Konzil sehr. Durch zahlreiche Schriften versuchten die Parteien, für ihre jeweilige Position zu werben und so für sich Stimmung zu machen. Einer der Wortführer auf Seiten des Deutschen Ordens war dabei Johannes Falkenberg. Dieser hatte bereits 1412 eine polemische Schrift mit dem Titel *Satira* verfasst, die aber erst 1416 in Konstanz bekannt wurde. Darin hatte er behauptet, dass die Polen und ihr König gottverhasste Häretiker seien und darum alle, die sich zur Austilgung der Polen und ihres Königs rüsteten, das ewige Leben verdienten. Begründet hatte Falkenberg seine Ansicht unter anderem damit, dass der polnische König sich nur zum Schein habe taufen lassen und in Wahrheit auf die Vernichtung der Kirche abziele, was seine Kriege gegen den christlichen Deutschen Orden, die er mit Hilfe von Ungläubigen führe, belegen würden.

Gegen diese abstruse Ansicht hatten sich verständlicherweise vor allem die Polen auf dem Konzil gewandt, die in einer Verurteilung Falkenbergs zugleich die Chance sahen, ihre Position gegenüber dem Deutschen Orden zu stärken. Zum Wortführer der Polen wurde Paulus Vladimiri von der Krakauer Universität.

Anfang 1417 wurde der Prozess gegen Falkenberg eröffnet. Die Glaubenskommission, der neben anderen die Kardinäle d'Ailly und Zabarella sowie der Wiener Theologe Nikolaus von Dinkelsbühl angehörten, verfasste einen Urteilsentwurf, den sie den einzelnen Nationen zur Abstimmung vorlegte.

Bei den Beratungen der französischen Nation wandte sich vor allem Bischof Martin Porée gegen eine Verurteilung. Dieser war wie Falkenberg Dominikaner und hatte bereits als Gesandter des Herzogs von Burgund Jean Petit gegen Gerson bei der Frage des Tyrannenmordes verteidigt. Da sich auch die deutsche Nation nicht zu einer Annahme des Urteilsentwurfs durchringen konnte, kam das Verfahren wieder vor die Glaubenskommission, und, nachdem Martin V. zum Papst gewählt worden war, vor diesen. Aber auch jetzt konnte unter den Konzilsvätern keine Einigkeit erreicht werden.

Für die polnischen Vertreter war dies ein höchst unbefriedigender Zustand. Daher versuchten sie bis zum Schluss des Konzils, eine Verurteilung zu erreichen. Noch in der feierlichen Schlusssitzung am 22. April 1418 unterbrachen sie den Ablauf und erhoben ihre Stimme mit der Forderung, dass die Schrift Falkenbergs öffentlich als häretisch verurteilt werde, denn schließlich sei es ja Aufgabe des Konzils, Häresien zu bekämpfen. Nur durch das Eingreifen Martins V. konnte die Schlusssitzung zu Ende gebracht werden.

Die Polen appellierten daraufhin an das nächste Konzil, was der Papst aber zurückwies. Stattdessen stuften am 14. Mai 1418, also nach dem Ende des Konzils, drei von Martin V. eingesetzte Kardinäle die *Satira* als irrig, skandalös und ärgerniserregend ein, nicht aber als häretisch. Zugleich wurde ihre Vernichtung durch Zerschneiden, Zerreisen und Zertreten angeordnet, nicht aber – wie bei häretischen Werken – durch Verbrennen. Dies geschah danach offensichtlich sehr gründlich, denn erst 1969 konnte wieder eine Abschrift aufgefunden werden.

Schließlich wurde der Prozess gegen Falkenberg am 10. Januar 1424 in Rom durch Martin V. abgeschlossen. Er bestätigte die Entscheidung der drei Kardinäle vom Mai 1418. Daraufhin bezeichnete Falkenberg, der die Jahre seit dem Konzil als Gefangener in der Engelsburg in Rom verbracht hatte, sein Werk als frech und heimtückisch sowie für fromme Ohren anstößig und widerrief es. Danach scheint ihn der Papst freigelassen zu haben, und er konnte nach Deutschland zurückkehren, wo er unbehelligt seinen Lebensabend verbrachte.

Zwei weitere Fragen des Glaubens

Recht schnell einig war sich das Konzil bei zwei weiteren Fragen, die den Glauben betrafen. Zum einen verurteilte das Konzil die Geißler oder Flagellanten als häretisch.

Die Ursprünge der Geißler liegen im 11. Jahrhundert in Italien. Während im 14. Jahrhundert in Europa die Pest wütete, wurden sie zu einer Massenbewegung der Laien, da viele der Ansicht waren, dass durch Nachvollzug der Geißelung Jesu während der Passion ein Ende der Pest herbeigeführt werden könne. Oftmals ging mit diesen Bußübungen eine massive Kritik an amtskirchlichen Strukturen einher, weswegen sie bereits 1349 von Papst Clemens VI. verboten worden waren.

Zum anderen wandte sich das Konzil der Lehre des deutschen Dominikanermönchs Matthäus Grabow zu, der sich in einer Schrift gegen die Brüder vom gemeinsamen Leben gewandt hatte. Bei diesen handelte es sich um klosterähnliche Gemeinschaften, die aber außerhalb der etablierten Orden in selbstgewählter Armut den Weg der Nachfolge Jesu gehen wollten. Grabow vertrat die Ansicht, dass niemand die allgemeinen Räte des Gehorsams, der Armut und der Keuschheit wahrhaft und ver-

Flagellanten oder Geißler. Holzschnitt von Michael Wolgemut von 1493

dienstlich erfüllen könne, wenn er außerhalb der wahren und anerkannten religiösen Orden verbleibe. Jeder freiwillige Verzicht auf Eigentum, der nicht an ein Ordensgelübde gebunden sei, müsse daher als schwere Sünde betrachtet werden.

Diese Ansicht wurde im April 1418 von Jean Gerson und Pierre d'Ailly in Gutachten verworfen, sodass Grabow zum Widerruf seines Standpunkts verurteilt wurde, was dieser dann auch tat.

Die großen Aufgaben des Konzils III – Die Frage der Reform der Kirche *(causa reformationis)*

Das Konstanzer Konzil als »Reformkonzil«

Das Konstanzer Konzil wird nicht selten gemeinsam mit dem Vorgänger Pisa (1409) und den Nachfolgern Pavia-Siena (1423/24) und Basel (ab 1431) als »Reformkonzil« bezeichnet. Ein überraschender Begriff, wenn man bedenkt, dass letztlich alle Konzilien den Anspruch hatten, Glaube und Kirche wieder zu formieren, zu reformieren. Vom Ergebnis konkreter Reformerlasse her betrachtet steht das Konstanzer Konzil hier sogar eher in der hinteren Reihe.

Die Bezeichnung »Reformkonzil« hat dennoch in zweierlei Hinsicht ihre Berechtigung: Betont man den ersten Teil des Wortes, »Reform«, so gilt zumindest, dass der Wunsch nach Reform an kaum ein anderes Konzil so laut und vielfältig, aber auch so unspezifisch und diffus herangetragen wurde wie an das Bodenseetreffen. Reformtraktate, -pamphlete und -predigten zeugen davon. Legt man das Gewicht auf den zweiten Teil des Wortes, »Konzil«, so ist auf jeden Fall ein Spezifikum von Konstanz benannt, nämlich, dass hier die Kirchenreform nicht vom Papst oder seiner Kurie in Rom, sondern eben von einem zwischenzeitlich gar papstfreien Konzil angegangen wurde. Eine damals wie heute umstrittene Spitzenaussage des Dekrets Haec Sancta lautete ja, dass sich das Konzil auch für die eigentlich dem Papst vorbehaltene Reform der Kirche »in capite et in membris« – an Haupt und Gliedern – zuständig sah und auch der Papst sich den gefassten Beschlüssen beugen müsse.

Das benediktinische Provinzialkapitel zu Petershausen

Mochte der Ruf nach kirchlichen Reformen ein Grundtenor der Zeit gewesen sein, so erschallte er besonders laut beim Blick auf das Ordenswesen. Hier stach die Diskrepanz zwischen Ideal und Wirklichkeit massiv ins Auge. Bereits im Vorfeld des Konzils hatten sich innerhalb der verschiedenen Ordenszweige vielfältige Erneuerungsbewegungen formiert, deren Vertreter nun in Konstanz eine Plattform für den Austausch und die gegenseitige Anregung fanden.

Eigens aktiv wurden die Konzilsväter nur für die Reformierung des Benediktinerordens. Zwei von dessen ältesten und berühmtesten Klöstern, St. Gallen und die Reichenau, lagen vor der Haustür von Konstanz und boten der Versammlung eindrücklichen Anschauungsunterricht über den Niedergang des geistigen und geistlichen Lebens. Statt hochstehender Wissenschaft, Seelsorge, Liturgie, Sittlichkeit und Wirtschaft boten die Klostergemäuer Raum für adelige Alltäglichkeiten wie Reitturniere, Jagden, Gastmähler und Kriegstreibereien. Das Konzil hatte klare Vorstellungen, welches Mittel für eine Besserung der Zustände anzuwenden war, nämlich die regelmäßige Abhaltung von Provinzialkapiteln, wie sie schon von den Päpsten Honorius III. (1216–1227) und Benedikt XII. (1334–1342) angeordnet worden war.

Am 27. November 1416 forderte eine Konstanzer Bulle alle benediktinischen Äbte und Priore auf, die Kapitel wiederzubeleben. Für die Ordensprovinz Mainz-Bamberg übernahm das Konzil selbst diesen Schritt und lud alle Klostervorsteher auf den 28. Februar 1417 in das direkt auf der anderen Rheinseite gelegene Kloster Petershausen ein. Die Resonanz war riesig: Von den 133 selbstständigen Benediktinerklöstern der Provinz erschienen 78 Äbte persönlich, 48 sandten Vertreter, vier Klöster entschuldigten ihr Fernbleiben, nur drei fehlten unentschuldigt.

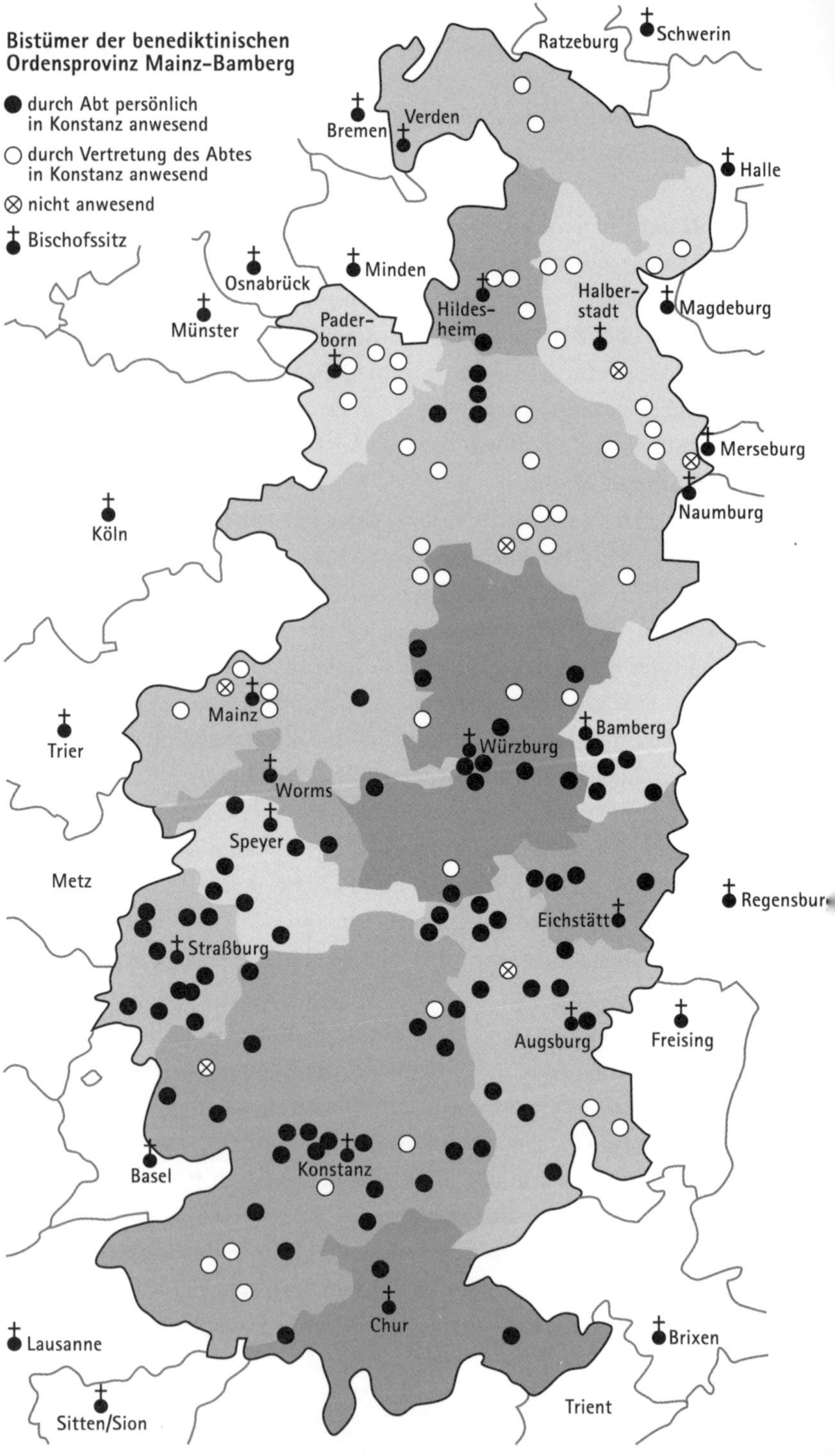
Bistümer der benediktinischen Ordensprovinz Mainz-Bamberg
durch Abt persönlich in Konstanz anwesend
durch Vertretung des Abtes in Konstanz anwesend
nicht anwesend
Bischofssitz
Schwerin
Ratzeburg
Bremen
Verden
Halle
Osnabrück
Minden
Münster
Paderborn
Hildesheim
Halberstadt
Magdeburg
Merseburg
Naumburg
Köln
Mainz
Trier
Worms
Würzburg
Bamberg
Speyer
Metz
Regensburg
Eichstätt
Straßburg
Augsburg
Freising
Basel
Konstanz
Chur
Lausanne
Brixen
Sitten/Sion
Trient

Drei Wochen lang wurde jeweils von Sonntag bis Dienstag getagt, am 19. März 1417 schloss das »Konzil am Rande des Konzils« mit der Publikation der Beschlüsse und einer feierlichen Prozession quer durch Konstanz zum Augustinerkloster und retour. Man hatte sich einige Hausaufgaben gegeben, unter anderem: Wiederherstellung der *vita communis* mit gemeinsamem Tisch, gemeinsamer Schlafstätte und klösterlichem Stillschweigen, Vereinfachung und Vereinheitlichung der Ordenstracht, würdige Eucharistiefeiern, Einhaltung der kirchlichen Verbote der Jagd und des Waffentragens sowie Aufnahmebereitschaft auch für Nichtadelige.

Die Forderung nach regelmäßigen Klostervisitationen, die Ernennung von Visitatoren für jede Diözese und die Datierung des nächsten Provinzialkapitels auf den 24. April 1418 nach St. Alban zu Mainz zeigen, dass man es ernst meinte. Dennoch stießen die in Petershausen beschlossenen Reformen auch auf Widerstand, besonders in der Erzdiözese Mainz, wo manche Klöster gar ihre eigene Säkularisation in ein weltliches Chorherrenstift anstrebten, um den Beschlüssen zu entkommen.

Die Arbeit der Reformatorien

Die Ordensreform hatte man an die Ordenskapitel delegiert, für die Ausarbeitung konkreter Reformen der Weltkirche wurden dagegen auf dem Konzil selbst nacheinander drei Spezialkommissionen, die sogenannten Reformatorien, eingerichtet. Ihre Aufgabe war es, all die kursierenden Reformvorschläge und Beschwerden von Konzilsnationen und Kardinälen zu sammeln, zu sichten und zu diskussionsfähigen Textvorlagen zu formatieren. Wurden schließlich die in den Kommissionen erstellten Texte den Konzilsnationen und Kardinälen vorgelegt, konnten diese sie ablehnen, modifizieren oder so lange an den Reformausschuss zurückleiten, bis sie schließlich dekretreif erschienen.

Natürlich kostete dieses Prozedere viel Zeit und bot genügend Raum für Verhandlungsfinesse und Lobbyarbeit, bis schließlich ein beschlussfähiger Text der Generalversammlung zur Verabschiedung vorgelegt werden konnte. Zugleich aber entsprach diese scheinbare Umständlichkeit dem Selbstverständnis des Konzils, das nicht nur vorgelegte Texte absegnen wollte.

Das erste Reformatorium wurde Ende Juli 1415 eingerichtet, nachdem man auf dem Weg zur Beendigung des Schismas schon entscheidende Etappen bewältigt hatte. Es bestand aus insgesamt 35 Mitgliedern – je acht aus den vier Konzilsnationen und drei Kardinälen – und arbeitete relativ schwerfällig bis zum Sommer 1417.

Die durch den Konzilsbeitritt der Spanier notwendig gewordene Neukonstituierung der Kommission führte zu einem kleineren Gremium: Mit 25 Teilnehmern – je fünf aus jeder Nation, kein Vertreter der Kardinäle – war es deutlich straffer organisiert und bewältigte jene heiße Phase, als um die noch vor die Papstwahl zu platzierenden Reformendekrete gestritten wurde.

Unmittelbar nach seiner Wahl setzte Martin V. die Kommission neu zusammen, diesmal entstand ein Reformatorium, in dem die Kardinäle mit sechs Vertretern wieder einen starken Einfluss ausüben konnten.

Kaum überraschend befasste sich die Reformarbeit des Konzils vor allem mit dem Haupt der Kirche, also mit Papsttum und Kurie. »Es wäre förderlich, wenn die Kirche von Rom, die das Haupt aller ist, sich zunächst selbst in ihrer Rechtsgestalt und ihrem Leben reformierte und erst danach zur Reform der übrigen Glieder schritte«, forderte ein Gruppenmemorandum, das aus dem Umkreis von Pierre d'Ailly unmittelbar vor Beginn des Konzils in Umlauf gebracht wurde.

Die Verdreifachung des Papsttums und die allseits ausgemachte Reformbedürftigkeit der Kirche verhielten sich in vielen Traktaten wie Henne und Ei. Allen war klar, dass eine enge Verflechtung bestand. Unterschiedlich jedoch wurde bewertet, ob das Schisma sichtbares Ergebnis der immer wieder unterlassenen Kirchenreformen war, gleichsam die Spitze des Eisbergs kirchlichen Verfalls, oder ob umgekehrt die vielen ausgemachten Missstände, etwa der hohe Finanzbedarf erst zweier, dann dreier Päpste mit ihren Kurien, im Wesentlichen ursächlich für das Schisma waren.

Die Positionierung zu dieser Frage wirkte sich bis in den erbitterten Prioritätenstreit des Jahres 1417 aus, in dem es darum ging, ob das Konzil zuerst Reformartikel beschließen dürfe, um danach zur Papstwahl zu schreiten, oder erst einen Papst zu wählen habe, in dessen Hände dann die Reform gelegt werden müsse.

Das Dekret Frequens

Im Schatten des Prioritätenstreits und im Spannungsfeld von Reformeifer und Reformmüdigkeit leistete das Konstanzer Konzil für die *Reformatio in capite* durchaus Beachtliches. Das Herausragende gelang paradoxerweise im Hinblick darauf, wie die nicht oder nur teilweise angegangenen Reformanliegen geordnet vertagt wurden: Noch vor dem Gang ins Konklave verabschiedeten die Konzilsväter dazu am 9. Oktober 1417 das Dekret Frequens. Mit diesem übertrug man das, was man schon dem Benediktinerorden als Heilmittel und Verfallsprophylaxe aufgetragen hatte, nämlich eine periodische Zusammenkunft der Klostervorsteher zu Provinzialkapiteln, gleichsam auf die Vorsteher der Weltkirche: Deren regelmäßiges Zusammentreffen auf Generalkonzilien war in den Augen des Konstanzer Konzils der beste Garant für eine Unterbindung von Häresien, Irrtümern und Schismen, für eine Korrektur von Auswüchsen und für eine »Reformierung der Deformierungen«. So bestimmte man »für immer« (!) eine regelmäßige Abhaltung von allgemeinen Kirchenversammlungen. Das nächste Konzil müsse fünf Jahre nach

Beendigung des Konstanzer Konzils tagen, das zweite wiederum sieben Jahre danach. »Von da an wird in Zukunft alle zehn Jahre ein Konzil gefeiert, und zwar an Orten, die der Papst einen Monat vor Beendigung des Konzils mit Billigung und Zustimmung des Konzils [sic], oder – falls er es versäumt – das Konzil selbst bestimmen und festsetzen muss [...]. Diese Frist darf der Papst bei etwa auftretenden Schwierigkeiten mit dem Rat seiner Brüder, der Kardinäle der heiligen römischen Kirche, verkürzen, niemals aber verlängern.«

Mit diesen klaren Bestimmungen war die Einberufung eines Konzils dem Belieben der zukünftigen Päpste entzogen, ein Konzil als periodische Veranstaltung stets »entweder im Gange [...] oder dank des bevorstehenden Termins in Aussicht« und damit die Kirchenreform quasi permanent auf die Tagesordnung gesetzt. Wenn man schon in Konstanz mit der Reform nicht mehr weit kommen sollte, so hatte man immerhin mit dem Dekret Frequens den Papst für die nähere und fernere Zukunft vor den Karren einer gemeinsamen Reformarbeit gespannt.

Konzilsversammlung in Konstanz. Titelseite von Lenfant, Jaques: Histoire du Concile de Constance (II). Amsterdam 1714

In einem ausführlichen zweiten Teil, der bisweilen als eigenes Dekret *Si vero* gezählt wird, legte man minutiös fest, was im Falle eines neuerlichen Papstschismas oder auch nur in Vorahnung eines solchen geschehen solle. Unter anderem verkürzte sich dann die Frist bis zum nächsten Konzil automatisch auf ein Jahr.

Was wurde aus dem Dekret Frequens?

Die Geschichte ist über die Bestimmungen des Dekrets Frequens hinweggegangen. Nach fünf, dann nach sieben und schließlich alle zehn Jahre sollte ein Konzil zukünftig vom Papst einberufen werden. Doch einzig der in Konstanz gewählte Papst Martin V. hielt sich an diesen Turnus, indem er 1423 nach Pavia und 1431 nach Basel einlud. Aus den nachfolgenden Kirchenversammlungen, dem Fünften Laterankonzil (1512/17), dem Konzil von Trient (1545/63) sowie den Vatikanischen Konzilien I (1869/70) und II (1962/5) lässt sich keine Einberufungsfrequenz mehr ablesen. Ob ein Konzil stattfindet oder nicht, entscheidet wieder allein der Papst. Um diesen Widerspruch zu den klaren Konstanzer Vorgaben aufzulösen, wurde von katholischer Kirchengeschichtsschreibung viel Energie darauf verwendet, die Reichweite von Frequens auf die damalige Notsituation des Schismas einzugrenzen. Die Spannungen aber sind geblieben, da sich der Text ausdrücklich als ein *edictus perpetuus*, ein fortdauerndes Edikt, versteht und das Konzil für den Notfall eines neuerlichen Schismas eigene Statuten an Frequens anhängte. Ob Notstandsdekret oder nicht, die Konstanzer Aussage, dass die regelmäßige Feier von Konzilien eine »vorzügliche Weise« ist, die Kirche auf Kurs zu halten, darf für eine derzeit konzilienarme katholische Kirche Anlass zum Nachdenken sein.

Konkrete Reformbeschlüsse

Neben dem Dekret Frequens brachte die Arbeit der Reformkommissionen vor der Papstwahl nur noch zwei konkrete Reformartikel zur Abstimmungsreife. Zum einen sprach man dem Papst das Recht ab, Bischöfe und Kirchenobere gegen deren Willen zu versetzen, und knüpfte auch die Auswechslung, Versetzung oder Absetzung von niedrigen Kirchenleuten wie etwa Äbten an die Feststellung eines gerechten und vernünftigen Grundes. Zum anderen stemmte man sich gegen die päpstliche Praxis, allenthalben Gelder einzutreiben, sei es aus Gebühren, die den Bischöfen und Prälaten für ihre Visitationen zustanden (Prokurationen), sei es aus der Erbmasse verstorbener Kirchenoberer und Kleriker (Spolien).

Sowohl Versetzungen als auch finanzielle Abschöpfung hatten die Schismapäpste ungemein ausgeweitet und instrumentalisiert, um ihren Status und ihren Einflussbereich abzusichern. Das Konzil setzte nun eine Abstellung dieser Exzesse durch. Gleiches wünschte man sich für weitere Bereiche, doch reichte es nur noch dazu, diese auf der nächsten und letzten papstlosen Sitzung am 30. Oktober 1417 in Form von 18 Punkten aufzulisten, die der neugewählte Papst gemeinsam mit dem Konzil behandeln sollte, bevor es aufgelöst wurde.

Auch diese Aufstellung, das sogenannte Kautionsdekret, zielte ganz auf die Reform »in capite et curia«, also des Papstes und seiner Kurie. Allerdings ließen sich die Reformwünsche gemeinsam mit Martin V. nicht mehr so stringent in Dekrete gießen. Als der Papst das Ergebnis der gemeinsamen Arbeit am 21. März 1418 in Form von sieben Beschlüssen in Kraft setzte, geschah dies nicht ohne manche Hintertür für das quasi neugeborene und wiederhergestellte Papsttum. Ungeachtet dessen waren die bis zum Konzilsende beschlossenen Reformen durchaus bemerkenswert: Sämtliche Exemtionen von Klöstern, Kirchen und Personen, das heißt ihre Entfernung aus der Zuständigkeit der

Ortsbischöfe, die die Päpste seit Beginn des Schismas bewirkt hatten, wurden widerrufen. Gleiches sollte für Inkorporationen, also Einverleibungen zumeist einer Pfarrei in ein Kloster, gelten sowie für Dispensen, das heißt die Befreiung von Benefizienbesitzern von der Ausübung des Amtes, für das sie bezahlt wurden. Auch verzichtete der Papst auf die Einkünfte von vakanten Kirchen oder Klöstern, band die Auferlegung des Zehnten auf Kirchen an einen schwerwiegenden Grund und versprach ein striktes Vorgehen gegen den grassierenden Ämterkauf (Simonie). Über die noch offenen Forderungen des 18-Punkte-Katalogs, und damit über dessen größten Teil, konnte in Konstanz keine Einigung mehr erzielt werden. Hier sollten gesonderte Vereinbarungen des Papstes mit den einzelnen Konzilsnationen, die sogenannten Konstanzer Konkordate, die Zeit bis zum nächsten Konzil überbrücken.

Inkorporation: Ein regionales Beispiel

Zu Beginn des 15. Jahrhunderts besaß das Kloster St. Blasien bereits das Patronatsrecht über die Pfarrkirche zu Bettmaringen und erhielt die Hälfte der Einkünfte dieser Kirche. Mit Urkunde vom 19. Dezember 1414 inkorporierte Papst Johannes XXIII. »dem in Wald und Bergen abgelegenen Kloster St. Blasien« Bettmaringen komplett, um den Unterhalt der 70 Mönche zu sichern. Außerdem hatte das Kloster fortan das Recht, die Pfarrei mit einem Mönch zu versehen. Am 23. Dezember resignierte der bisherige Kirchherr, der Konstanzer Domherr Heinrich von Randegg, und am 27. Dezember erfolgte die Besitzergreifung durch den St. Blasier Abt Johann.

(vgl.: Regesta episcoporum Constantiensium III, S. 200, Nr. 8444.)

Ebenfalls am 19. Dezember 1414 inkorporierte Johannes XXIII. dem Kloster St. Blasien auch die Pfarrkirche zu Brombach und gestattete die Versehung mit einem Mönch. Als ausdrücklichen Vorteil erwähnt die Urkunde, dass das Kloster fortan bei der Brombacher Pfarrkirche seine Pferde unterbringen könne, »was für den Einzug der Früchte von großem Nutzen sei«.

(vgl.: Regesta episcoporum Constantiensium III, S. 200, Nr. 8445.)

Reförmchen oder Reform?

Was war in der *causa reformationis* erreicht? Vieles Grundsätzliche blieb Programm und Zukunftsauftrag, die erreichten Reformen lassen das Reformverlangen auf sehr profane Anliegen zusammenschrumpfen: Die kirchlichen Vorsteher »vor Ort« störten sich daran, dass eine päpstliche und kuriale »Clique« in Rom ihnen tief in die Kassen und in ihre administrativen Rechte eingriff. Auf diesem Feld gelang es dem Konzil in einem nicht unerheblichen Maß, schismabedingte Missstände in der kirchlichen Verwaltung und Rechtsprechung zu beseitigen, dem ausufernden päpstlichen Zentralismus Einhalt zu gebieten und den finanziellen Aderlass Richtung Papst und Kurie zu verringern. Themen, die jenseits davon lagen, schafften es kaum durch das »Sieb« der Reformatorien auf die offizielle Tagesordnung. Zu unterschiedlich waren hier die Interessen. Insbesondere die Hinwendung zur *reformatio in membris*, das heißt zur Reform des Klerus vom Erzbischof bis zum Vikar wie auch des christlichen Laientums, schafften die Konstanzer Reformdekrete nicht. Vorgaben zur Abhaltung von Provinzial- und Diözesansynoden, zur Durchführung von Visitationen, zur Sittlichkeit und zum geistigen Niveau des Klerus, zur Form der Liturgie, zur Regulierung der locker sitzenden Bannpraxis usw. blieben fast völlige Fehlanzeige.

Das Dekret *De vita et honestate clericorum*, das die Kleiderordnung des Klerus neu einschärfte, gibt eine Ahnung davon, was alles im Argen lag, lässt sich aber kaum als großen Durchbruch werten. Immerhin unterband man, »dass in manchen Gegenden einige Kleriker und kirchliche Personen des Welt- und Ordensstandes, ja sogar Kirchenobere Ärmel tragen, die in großer und verschwenderischer Fülle bis zu einer Elle herabhängen, sowie Gewänder, die am Rücken und an den Seiten offen sind, besetzt mit Pelzfutter, das über den Saum hinausreicht und an den Öffnungen hervortritt«.

Einen etwas umfangreicheren Bogen in Richtung Reform der »Glieder« schlug bezeichnenderweise der neue Papst, als er nach seiner Wahl verschiedene bei ihm eingelaufene Gutachten der Nationen auswertete und daraus mit der *Responsio super reformatione data nationibus* vom 20. Januar 1418 einen eigenen Reformentwurf formulierte. Darin forderte er z. B. die akademische Ausbildung von Bischöfen und schärfte deren Residenzpflicht bei ihren Bischofskirchen ein.

Martin V. gebärdete sich also keinesfalls als notorischer Ausbremser von Reformen. Auch stellte er die Konzilsdekrete, die unmittelbar vor seiner Wahl vom Konzil beschlossen wurden, nicht in Frage. An das Dekret Frequens hielt er sich genau, indem er noch am 19. April 1418 das Folgekonzil mit dem Tagungsort Pavia ankündigte und es nach den vorgegebenen fünf Jahren 1423 dort eröffnete. Für 1431 berief er das nächste Konzil nach Basel, erlebte dessen Beginn allerdings nicht mehr. Und in der letzten Konstanzer Konzilssitzung am 22. April 1418, als die Polen noch die Tyrannenmordlehre Falkenbergs vom Konzil als Häresie bestätigt wissen wollten, gab der Papst die Zusage, dass er alle einzelnen Entscheidungen, Beschlüsse und Dekrete in Fragen des Glaubens, die das Konzil gefasst habe, festhalten und ratifizieren werde. Zugleich jedoch war es ihm in der Folgezeit ein Anliegen, die päpstliche Position gegenüber dem »Kontrollgremium« Konzil wieder auszubauen. Als deutlichstes Indiz wird das Appellationsverbot gewertet, das Martin zwar erst nach Abschluss des Konzils, aber noch in Konstanz am 10. Mai 1418 erließ. Es besagte, dass Entscheidungen des Papstes nicht mehr auf einem zukünftigen Konzil verhandelbar seien, was schon von Zeitgenossen wie Jean Gerson als Widerspruch zum Dekret Haec Sancta wahrgenommen wurde.

Es war eben auch in Konstanz leichter, Reformforderungen für die je andere Seite aufzustellen, als sich selbst in den Blick zu nehmen. Ging es um die Umsetzung der Reform für die eigene Gruppe, den eigenen Stand, wurden die Reformforderungen rasch zurückhaltender. Von der Diskussion eines Kirchenverständnisses jenseits der institutionellen Oberfläche, von einer Erneuerung der Frömmigkeit oder gar von einem spirituellen Aufbruch blieb man weit entfernt. Im Gegenteil: Theologen wie Wyclif und Hus, die über Kirche mehr in einem geistigen denn einem institutionellen Sinne sprachen und damit fundamentale Reformen begründeten, wurden vom Konstanzer Reformkonzil als Häretiker ausgegrenzt oder gar zur Verbrennung ausgeliefert.

Das Leben in der Stadt

Wenn eine Großkonferenz mit geschätzt bis zu 30 000 gleichzeitig anwesenden Teilnehmern samt Gefolge in einer 6000 bis 8000 Einwohner zählenden Stadt abgehalten wird, dann kann aufgrund dieser Zahlenverhältnisse nicht mehr von einem Konzil in der Stadt, sondern muss von einer Stadt im Konzil gesprochen werden. Dreieinhalb Jahre dominierten die Personen des bisher längsten und größten Konzils der Kirchengeschichte Stadt und Umland am Bodensee.

Zu Beginn des Konzils wurden gemeinsam von städtischen, päpstlichen und königlichen Vertretern eine Fremdenordnung erlassen und die Unterkunftspreise geregelt. Für ein »zweischläfriges« Bett waren demnach – bei zweimonatigem Wechsel der Bezüge – monatlich zwei Gulden zu zahlen. Überdies traf man Vorkehrungen, um die Verpflegung der Menschenmassen sicherzustellen. Dazu bot man auswärtigen Kaufleuten

Konstanz im Jahr 1490. Kolorierter Stich von Michael Wolgemut aus der Weltchronik von Hartmann Schedel, Nürnberg 1493

Pastetenbäcker mit fahrbarem Ofen und Verkaufsstand. Aus der Richentalchronik im Konstanzer Rosengartenmuseum

und Handwerkern die gleiche Rechtsstellung an wie solchen der Stadt. Aus ganz Europa ließen sich Menschen von dieser Möglichkeit zum freien Handel anlocken und füllten zusätzlich die Stadt. So wurden in der Konzilszeit z. B. 73 Geldwechsler und Bankiers – unter ihnen die Florentiner Medici –, etwa 230 Bäcker, 70 Wirte, 225 Schneider und 310 Scherer/Barbiere gezählt.

Ulrich von Richental

Über das Alltagsleben, die Teilnehmer sowie über die wichtigen Ereignisse des Konzils, sofern sie sich öffentlich abspielten, sind wir in sehr anschaulicher Weise durch die Chronik des Konstanzer Konzils unterrichtet, die Ulrich von Richental verfasste.

Richental, geboren um 1365 als Sohn des Konstanzer Stadtschreibers Johann Richental und zunächst für den geistlichen Stand bestimmt, war ein vermögender Konstanzer Bürger. Als solcher erlebte er das gesamte Konzil von der Zeit der Vorbereitung bis zum Abschluss aus nächster Nähe mit. Obwohl er selbst kein öffentliches Amt bekleidete, lernte er viele Konzilsteilnehmer persönlich kennen, so auch König Sigismund

und seine Frau, die er sogar einmal in seinem Landgut bewirten konnte. Auch wohnte der Bischof Jakob Kurdwanowski von Plock während des Konzils in Richentals Haus »zum guldin bracken« bei St. Stephan in unmittelbarer Nähe zum Münster. Zudem verfügte Richental über viele informelle Kontakte. Schon während des Konzils sammelte er kontinuierlich Material über die Vorgänge in seiner Heimatstadt. So ließ er die Wappen, die an den Quartieren der Konzilsteilnehmer angebracht waren, abzeichnen oder fertigte Kopien wichtiger Urkunden.
Bald nach dem Ende des Konzils schrieb er dann seine Chronik nieder. Das Original ist zwar verloren gegangen, aber das Werk ist in sieben illustrierten und acht nicht illustrierten Handschriften, einem mit Holzschnitten geschmückten Frühdruck und zwei weiteren Druckausgaben des 16. Jahrhunderts überliefert. Vor allem die illustrierten Handschriften mit ihren zahlreichen Bildern der Konzilsereignisse – bedeutende wie die Papstwahl, aber auch alltägliche wie der Straßenverkauf der Bäcker – prägen bis heute unser Bild vom Konstanzer Konzil.

Spätestens ab Weihnachten 1414, als angestoßen durch die Ankunft des Königs immer mehr Konzilsteilnehmer mit Gefolge in kaum erwartetem Maße an den Bodensee strömten, waren die Stadt und das Umland überfüllt. Während die hohe Geistlichkeit in Klöstern, Domherren- und Patrizierhäusern relativ komfortablen Unterschlupf fand, wurden Knechte zu zwanzigst oder mehr in einem Haus untergebracht, und weil selbst das nicht reichte, fungierten auch Ställe, Weinfässer oder zurechtgezimmerte Holzhütten als provisorische Nachtlager. Im März 1415 schrieb der Erzbischof von Riga: »Es ist nie gehöret, das in keinem concilio so gross und vil redliches folkes si gewesen, als es von den gnaden Gotis hir ist.«

Die Unterbringungsschwierigkeiten führten dazu, dass manche Fürsten und Prälaten einen Teil ihres Trosses wieder nach Hause schickten. Außerdem bedingte die immense Nachfrage eine rasante Teuerung der Lebenshaltungskosten, sodass die Bürger schon im Januar 1415 zur Reduzierung ihrer Mietpreise angehalten wurden. In ähnlicher Weise erging eine Deckelung der Preise für Getreide, Brot, Bohnen, Linsen, Zwiebeln, Rüben, Weißkohl, Weine, Rindfleisch, Lammfleisch, Ziegenfleisch, Schweinefleisch, Kalbfleisch, Drosseln, Amseln, Reh, Hirsch, Dachs, Otter, Biber, Hase, Reb- und Steinhuhn sowie für Heu, Stroh und Holz. Doch trotz dieser Preisregulierungen meldete z. B. die Kölner Delegation noch im Februar nach Hause: »Wisset, dass in Konstanz alle Fastenspeisen sehr teuer sind, ausgenommen sind Mehlklöschen, der Kohl und die Bohnen.« Und mancher Teilnehmer oder Beobachter, der mit einem kurzen Konzil gerechnet hatte, musste vorzeitig abreisen, weil sein Budget zur Neige ging.

Tumulte in der Stadt

Auf dem Konzil wurde heftig debattiert, bisweilen polemisiert und gar laut um sich geschrien. Prügeleien sind aus der Konzilsaula aber nicht überliefert. Anders sah es in den Konstanzer Gassen aus. Zum spektakulären Höhepunkt artete ein Streit aus, den die beiden Bayer-Herzöge Heinrich und Ludwig am Rande des Konzils über ihre Herrschaftsansprüche fochten. Mit 70 bis 80 Reitern überfiel Heinrich in der Münster- und heutigen Katzgasse seinen Vetter Ludwig, als dieser nichtsahnend und fast ohne Begleitung von einem Essen mit dem König kam. Ludwig wurde verwundet, fiel vom Pferd und erhielt noch am Boden liegend Hiebe und Dolchstiche, bevor die Angreifer aus der Stadt flohen. Heinrich überlebte.

Lob und Kritik an der Konzilsstadt

Lob und Kritik hinsichtlich der Entscheidung, Konstanz als Tagungsort ausgewählt zu haben, konnten sich mit den kirchenpolitischen Entwicklungen auf dem Konzil verflechten. Johannes XXIII. und seine Anhänger legitimierten z. B. ihre Flucht aus Konstanz (21. März 1415) und die beabsichtigte Konzilsverlegung mit den Zuständen in der Stadt. Dazu dramatisierten sie die Situation, indem sie diese als unerträglich und gar als Bedrohung für Leib und Leben darstellten. Demgegenüber bekräftigten die Konzilsväter, dass das Konzil in einer reichen und genügend großen Stadt versammelt sei. Nur ein »Idiot« könne verkennen, welch vollkommene Sicherheit, welcher Reichtum an Lebensmitteln und welch angenehmes Klima in der Stadt herrschten. Apropos Klima: Johannes klagte, dass ihm die Luft in Konstanz nicht bekomme. Dass er als Südeuropäer in der Tat vom winterlich-nebeligen Bodenseewetter schockiert gewesen sein mag, zeigt eine Schilderung des italienischen Humanisten Benedict de Pileo: »Das Sonnenlicht schauen die Städter und Anwohner des Sees nur selten; denn stets hängt die Luft voller Wolken. Sonderbar! Seit wir hier sind, war noch an keinem ganzen Tag der Himmel völlig klar. Bald Wind, bald Schnee, jetzt Regen, jetzt Schnee und Regen und schließlich alles zusammen.« Auffällig ist aber, dass mit Dietrich von Nieheim ein ausgesprochener Konzilsverfechter die genau entgegengesetzte Bewertung vornahm: »Mit welchem Recht konnte sich Balthasar [Baldassare Cossa = Johannes XXIII.] beklagen, dass ihm die Luft schädlich sei? Wohl ist Konstanz im Vergleich mit anderen deutschen Städten klein, aber es ist eine schöne Stadt und hat eine reizende Lage. Hier ist eine gesunde und für jede Nation und jedes Alter bekömmliche Luft.« Und die Konzilsväter rühmten knapp: »Das Klima strotzt vor Milde.«

Alles in allem hielt die Konstanzer Infrastruktur den immensen Anforderungen stand, für eine gewisse Zeit im Blickpunkt der – nicht nur kirchlichen – Welt zu stehen. Mit einer nicht zu übersehenden Bewunderung fasste der bereits erwähnte Benedict de Pileo seine Eindrücke zusammen: »Die Stadt Konstanz ist klein, kann aber trotzdem vielen Menschen Herberge geben. In der Länge hat sie eine Ausdehnung von zwei guten Bogenschüssen; sie ist aber nur einen Bogenschuss breit. Allen, die sich hier aufhalten und es selbst miterleben, scheint es fast unglaublich, wie dieser kleine Ort so viele Gäste mitsamt ihren Pferden unterbringen und ernähren kann. Italien muss ganz zurücktreten; dort gibt es kaum eine Stadt, welche die Last einer derartig zahlreichen Einquartierung ertragen könnte.«

Wichtige Orte des Konzilsgeschehens

Sämtliche Großgebäude der Stadt dienten dem Konzilsgeschehen. Wenn heute in der Bodenseestadt das Konklavegebäude, das eigentlich das Kaufhaus am Hafen war, Konzilsgebäude oder kurz »Konzil« genannt wird, dann kann das darüber hinwegtäuschen, dass als Zentrum der Ereignisse das Münster »Unserer Lieben Frau« angesehen werden muss.

Die Bischofspfalz unmittelbar neben dem Münster wurde zum Apostolischen Palast erhoben und diente zu Beginn des Konzils Johannes XXIII. und am Ende Martin V. als Residenz. Die nahe Stephanskirche beheimatete die Rota, das zwölfköpfige päpstliche Gericht.

Weitere bedeutende Orte waren die innerstädtischen Klöster. Im Augustinerkloster, dessen Kirche heute noch als Dreifaltigkeitskirche erhalten ist, stiegen die Kardinäle Gregors XII. und später Benedikts XIII. ab. Im Refektorium beriet sich ab Sommer 1417 die spanische Konzilsnation, außerdem wohnte König Sigismund im letzten Konzilsjahr unter dem Dach der Augustinereremiten. Zuvor hatte er bereits in verschiedenen strategisch günstig gelegenen Stadthäusern Unterkunft bezogen. Im Fran-

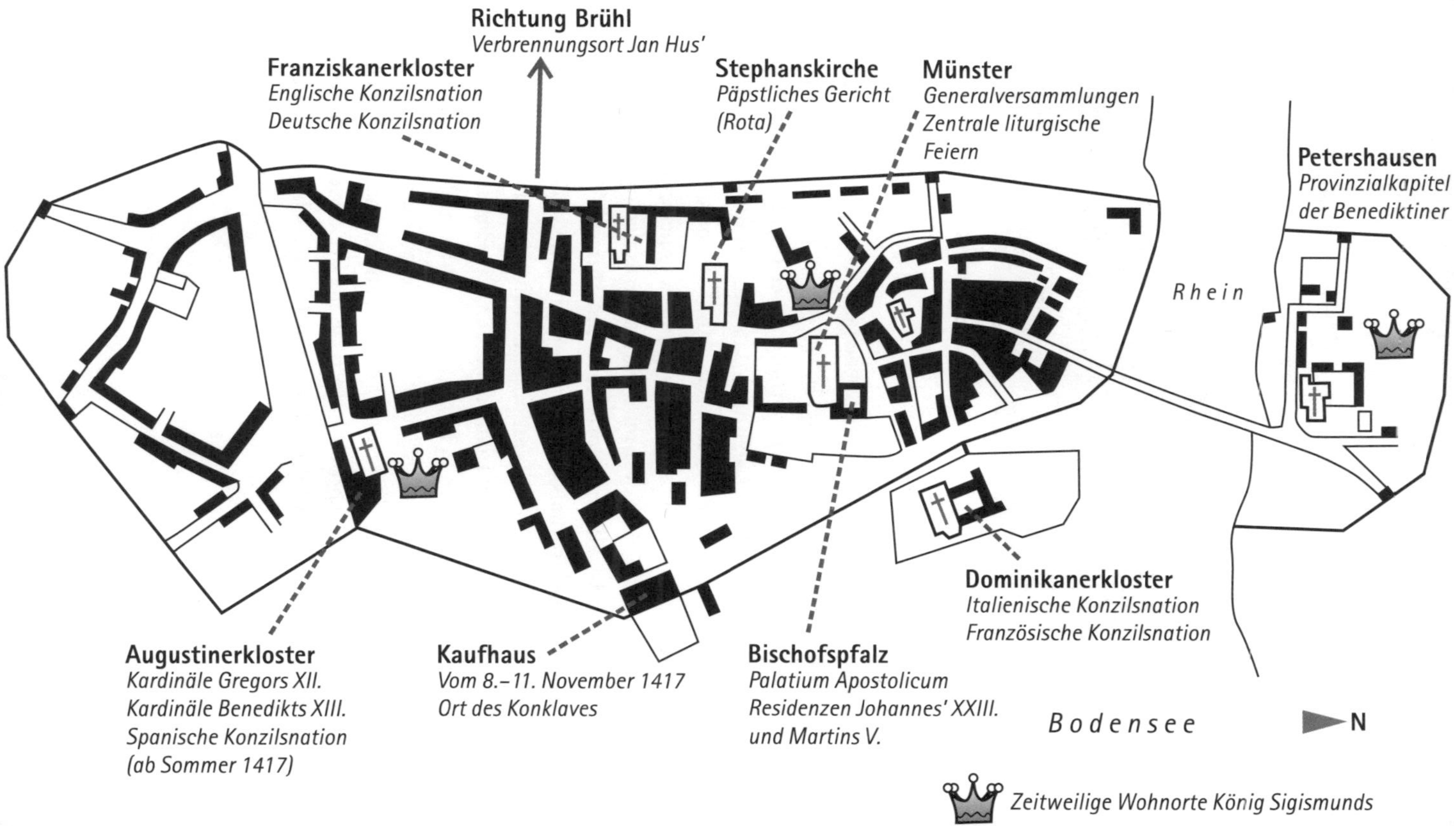
Richtung Brühl
Verbrennungsort Jan Hus'
Franziskanerkloster
Englische Konzilsnation
Deutsche Konzilsnation
Stephanskirche
Päpstliches Gericht
(Rota)
Münster
Generalversammlungen
Zentrale liturgische
Feiern
Petershausen
Provinzialkapitel
der Benediktiner
Rhein
Augustinerkloster
Kardinäle Gregors XII.
Kardinäle Benedikts XIII.
Spanische Konzilsnation
(ab Sommer 1417)
Kaufhaus
Vom 8.–11. November 1417
Ort des Konklaves
Bischofspfalz
Palatium Apostolicum
Residenzen Johannes' XXIII.
und Martins V.
Dominikanerkloster
Italienische Konzilsnation
Französische Konzilsnation
Bodensee
N
Zeitweilige Wohnorte König Sigismunds

Dominikanerkloster um 1900. Postkarte nach einem Gemälde von Michael Zeno Diemer

ziskanerkloster traf sich im Speisesaal die englische Konzilsnation, im Kapitelsaal die deutsche. Außerdem wurde im dortigen Refektorium Jan Hus verhört, da er im März 1415 im benachbarten Stadtturm gefangen saß. Im Dominikanerkloster schließlich, das auf einer kleinen, der Stadt vorgelagerten Insel im Bodensee errichtet worden war, bot der Speisesaal der italienischen Nation Platz, während die französische im Kapitelhaus tagte. Auch in diesem Kloster war Jan Hus ein Vierteljahr gefangen. Das Kardinalskollegium versammelte sich in der Regel im Haus des Domdekans am unteren Münsterhof.

Nicht vergessen darf man schließlich das jenseits des Rheins gelegene Reichskloster Petershausen, da hier nicht nur König Sigismund zwischenzeitlich abstieg, sondern auch ab dem 28. Februar 1417 parallel zum Konzil das Provinzialkapitel der benediktinischen Ordensprovinz Mainz-Bamberg tagte, Treffpunkt von rund 130 Benediktineräbten aus Süddeutschland und darüber hinaus.

Die Konstanzer und das Konzil

Kaum einem Konstanzer wird die Bedeutung dessen, was die kirchlichen und weltlichen Vertreter in ihrer Stadt verhandelten, bewusst gewesen sein. Selbst in den Ratsprotokollen taucht das Konzil so gut wie gar nicht auf. Kein Wort von den lebhaften Auseinandersetzungen um die Fortführung des Konzils, kein Aufheben um die Gefangennahme und Absetzung von Johannes XXIII., keine Stellungnahme zum Konziliarismus oder zum Dekret Haec Sancta. Stattdessen finden sich Alltäglichkeiten wie die Ernennung von Fleischbeschauern oder die Bestrafung von Prügeleien.

Was die Einwohner aber – abgesehen von der vielfältigen und vielsprachigen Menschenmenge – vom Konzil mitbekamen, waren die Rituale und Inszenierungen von Prozessionen, Empfängen und Schenkungen. Das war ihnen aus dem Leben ihrer Bischofsstadt zwar nicht gänzlich fremd, trat jetzt jedoch ungleich spektakulärer, ausgiebiger und eindrücklicher vor ihre Augen. Von dem Einzug des Papstes in die Stadt und der Ankunft des Königs über die vielen kleinen und großen »Kreuzgänge«, wie der Chronist Richental die Prozessionen nennt, bis hin zur Theatralik rund um die Papstwahl und schließlich die Abreise Papst Martins V. war die Stadt durchtränkt von öffentlichen Zeremonien. Was für einen Eindruck musste etwa die Krönungsprozession des frischgekürten neuen Papstes machen? Die Tiara auf dem Kopf und gekleidet in ein Messgewand ritt Martin V. auf einem weißen Pferd, das kein Geringerer als der König am Zügel führte, durch die Gassen der Stadt, begleitet von ebenfalls berittenen geistlichen Würdenträgern, denen sich wiederum die Patrizier und das gemeine Volk anschlossen, umtönt vom Schalle der Posaunenbläser und Pfeifer.

Aber nicht nur geistliche Feiern waren zu bestaunen. Angesichts des Zusammenkommens so vieler Würdenträger und nicht zuletzt des Königs gab es auch spektakuläre weltliche Er-

Oswald von Wolkenstein

Einer der bekanntesten Konzilsteilnehmer war Oswald von Wolkenstein. Durch eine Lidlähmung war sein rechtes Auge stets verschlossen, was ihn äußerlich hervorhob. Wolkenstein war um 1376 auf Burg Schöneck in Südtirol in eine niederadlige Familie hineingeboren worden.

Über weite Strecken seines Lebens ging es ihm um einen gesellschaftlichen Aufstieg. Dies brachte ihn immer wieder in Konflikt mit seinem Landesherrn, dem Grafen von Tirol. Über viele Jahre nahm er an verschiedenen Kriegszügen teil und lernte so weite Teile Europas und Nordafrikas kennen. Auf dem Schwarzen Meer erlitt er einmal Schiffbruch, den er nur mit Hilfe eines Weinfasses überlebte. Dann begab er sich in die Dienste des Brixener Bischofs. Um 1410 unternahm er eine Pilgerfahrt ins Heilige Land.

Oswald von Wolkenstein. Porträt in der Innsbrucker Handschrift von 1432

1415 trat er in die Dienste König Sigismunds. Er weilte wiederholt in Konstanz und begleitete eine königliche Gesandtschaft nach Portugal, Kastilien, Aragon und Frankreich. Auch nach dem Konzil suchte er immer wieder die Nähe Sigismunds. So finden wir ihn auf Reichstagen und ebenso auf dem Konzil von Basel.

In den letzten zehn Jahren seines Lebens wurde es dann etwas ruhiger um ihn. Er hielt sich nur noch in Südtirol auf und starb am 2. August 1445 in Meran. Wolkensteins besondere Bedeutung liegt in seinen Dichtungen. Er gilt als der

herausragendste deutsche Lyriker des Spätmittelalters. Rund 130 ein- und mehrstimmige Lieder von ihm sind überliefert. Der Inhalt vieler dieser Werke ist autobiographisch geprägt. Daneben gibt es Liebes- und Zechlieder, aber auch geistlich-betrachtende. An den Höfen, die er bei seinen Reisen besuchte, konnte er mit seinen Liedern beeindrucken, was sein Ansehen steigerte.
Auch das Konzil von Konstanz fand Widerhall in seinem Werk. So formulierte er in seinem Gedicht *Der seines Leids ergötzt will sein* angesichts der hohen Preise in Konstanz in der dritten Strophe die fast schon sprichwörtlich gewordenen Verse: »Denk ich an den Bodensee, dann tut mir der Beutel weh.«

eignisse. So verlieh König Sigismund am 30. April 1415 in einer feierlichen Zeremonie dem Burggrafen von Nürnberg Friedrich VI. von Hohenzollern die erbliche Würde des Markgrafen und Kurfürsten von Brandenburg. Friedrich war ein treuer Gefolgsmann des Königs. Die Verleihung der exklusiven Kurwürde war ein weiterer zentraler Schritt beim Aufstieg der Hohenzollern zu einem der bedeutendsten Fürstenhäuser Europas.

Schon bald nach der Belehnung gründete Friedrich am 8. Juli 1415 gemeinsam mit Herzog Heinrich dem Reichen von Bayern-Landshut, Kurfürst Ludwig von der Pfalz und weiteren bayrischen Herzögen ein Verteidigungsbündnis gegen Herzog Ludwig den Gebarteten von Bayern-Ingolstadt, die sogenannte Konstanzer Liga.

Das Konzil als literarischer Umschlagplatz

Neben den unzähligen Anwesenden genoss darüber hinaus eine eher stille Gruppe den Konstanzer Auflauf, wenn sie auch den Konzilsort als kulturelle Einöde und die Bewohner des Umlandes als Barbaren empfinden musste: humanistische Gelehrte, vor allem aus Italien und Spanien, aber auch aus Byzanz, die als kuriale Beamte, als Begleiter der Kardinäle oder als Gesandte von Fürsten über die Alpen kamen – Manuel Chrysoloras, Leonardo Bruni, Poggio Braccioloni und viele andere. Für sie wurde das Konzil zu einem außergewöhnlichen Umschlagplatz für Texte und Traktate, insbesondere für eine Weitergabe ihrer Ideen nach Nord- und Osteuropa. Das geschah mal von Hand zu Hand, mal im großen Stil des Gruppendiktats. Dabei wurden in einer Kirche oder Stube über mehrere Wochen hinweg Texte vorgelesen, um paralleles Abschreiben zu ermöglichen. So wurde nicht nur die rasche Verbreitung von konzilsrelevanten Traktaten gefördert, sondern – dem Ideal der Humanisten entsprechend – häufig auch von Schriften der Antike. Benedikt de Pileo hielt z.B. in den Jahren 1416 und 1417 Vorlesungen über Valerius Maximus und über Senecas Briefe.

Was für eine einmalige Gelegenheit ergab sich darüber hinaus für die weit Angereisten durch die Nähe so bedeutender Handschriftensammlungen wie die der Klöster Reichenau und St. Gallen? Manch einer der Gelehrten machte hier auf der Suche nach antiken Texten beglückende Entdeckungen, schrieb die Originale ab – oder nahm sie gleich mit, erschüttert von teils finsteren Bibliotheksgewölben und ungebildeten Mönchen, die den Wert der Schriften kaum ermessen konnten.

Plautus im Nonnenkloster

In der 1882 erschienenen Novelle *Plautus im Nonnenkloster* wählt der Schweizer Dichter Conrad Ferdinand Meyer (1825–1898) das Konstanzer Konzil als Ort und Zeit der Handlung. Gianfrancesco Poggio Bracciolino ist darin die Hauptperson. Bei ihm handelt es sich um eine historische Persönlichkeit. Er gilt als ein wichtiger Vertreter des Humanismus der ita-

lienischen Renaissance, der tatsächlich als junger Mann als Sekretär Johannes' XXIII. am Konstanzer Konzil teilgenommen hatte. Alles andere in diesem Werk ist allerdings frei erfundene Dichtung.
Poggio reist in ein Nonnenkloster im Thurgau, wo er eine alte Handschrift mit Komödien des römischen Dichters Plautus an sich bringen will. Dabei wird er von Hans von Spügeln begleitet, der sehr niedergeschlagen ist, weil das Mädchen, in das er sich verliebt hat, kurz vor dem Eintritt in das angestrebte Kloster steht. Gertrude, so heißt die Angebetete, erwidert zwar durchaus dessen Gefühle, fühlt sich aber durch ein Gelübde an den Eintritt ins Kloster gebunden.
In dem Kloster wird nicht nur der Band mit den Komödien aufbewahrt, sondern auch ein sehr schweres Kreuz, das nur diejenige tragen kann, der, so behauptet es wenigstens die Äbtissin, die Hilfe der Gottesmutter Maria zuteil wird. Beim Eintritt in das Kloster muss es auch die jeweilige neu eingekleidete Nonne tragen. Die Äbtissin lässt dabei jedoch das schwere Kreuz durch eine täuschend echte, aber ungleich leichtere Kopie austauschen. Der gewitzte Poggio durchschaut indes rasch den Schwindel. Aufgrund seines Wissens kann er daraufhin die Äbtissin so sehr unter Druck setzen, dass sie ihm nicht nur widerwillig die Handschrift herausgibt, sondern er kann damit auch den Eintritt Gertrudes ins Kloster verhindern, die daraufhin Hans heiratet.

Das Konzil geht auseinander

Letzte Sitzungen und Abreise der Teilnehmer

Nach der Wahl Martins V. nahmen die Beratungen und Verhandlungen des Konzils wieder an Fahrt auf. Doch letztlich war die Kraft der Konzilsväter erschöpft, bei manch einem darüber hinaus auch die finanziellen Möglichkeiten. Der Wunsch, die Heimat wiederzusehen, wuchs bei vielen beständig. Auch den Papst drängte es, wieder nach Rom zurückzukehren, denn dort wie im ganzen Kirchenstaat lag vieles im Argen.

Zwar konnten, wie bereits gezeigt, noch einige wichtige Dinge geregelt werden, gerade im Hinblick auf die Reform der Kirche, aber für mehr reichte die Energie nicht mehr. Am 19. April 1418 fand die 44. Sitzung des Konzils statt. Martin V. bestimmte gemäß den Vorschriften des Dekrets Frequens, dass in fünf Jahren das nächste Konzil stattfinden sollte und zwar in Pavia. Hierzu erteilten der anwesende König Sigismund ebenso wie die Kardinäle und die Nationen sogleich ihre Zustimmung. Allerdings hatte die französische Nation keine Vertreter entsandt, da sie das nächste Konzil gerne in Frankreich gesehen hätte.

Schließlich fand am 22. April 1418 die 45. und letzte feierliche Sitzung des Konzils im Münster unter dem Vorsitz des Papstes und in Anwesenheit des Königs statt. Zum Abschluss wurde eine Bulle des Papstes verlesen, wonach das Konzil aufgelöst sei und jeder das Recht erhalte, nun wieder nach Hause zurückzukehren. Zu guter Letzt ließ sich König Sigismund durch den Kanonisten Ardicino della Porta loben, in dem dieser allen Anstrengungen und Ausgaben gedachte, die der König für die Einheit der Kirche in den vergangenen Jahren gemacht hatte. Zugleich rühmte er die Kardinäle, die Konzilsväter und all die

Abgesandten, die nach Konstanz gekommen waren, für ihre treue Ausdauer in dieser Sache.

König und Papst blieben in den nächsten Wochen noch in Konstanz, um verschiedene Geschäfte zu erledigen und die Heimreise gut vorzubereiten. So kam es am 7. und 8. Mai noch zur Aussöhnung zwischen Sigismund und Herzog Friedrich von Habsburg-Tirol, dem Fluchthelfer Johannes' XXIII. Der Herzog wurde wieder mit seinen Gütern belehnt und vom Kirchenbann befreit.

Am Pfingstfest zelebrierte der Papst schließlich einen feierlichen Gottesdienst in Konstanz und brach dann am Pfingstmontag, dem 16. Mai, zusammen mit den Kardinälen, der Kurie und seiner Dienerschaft zu seiner Reise nach Rom auf. Ein letztes Mal entfaltete sich in Konstanz das ganze höfische Zeremoniell in all seiner Pracht. Der König und weitere Fürsten hielten die Zügel des Pferdes, auf dem der Papst unter einem Baldachin ritt, der von vier Grafen getragen wurde. 40 000 Berittene sollen ihm nach Augenzeugenberichten das Geleit bis nach Gottlieben vor den Toren der Stadt gegeben haben. Von dort fuhr der Papst mit dem Schiff Richtung Schaffhausen, während die Kardinäle und die Kurie den Landweg nahmen.

Am 21. Mai verließen dann auch König Sigismund und sein Hofstaat die Konzilsstadt Richtung Straßburg. Er selbst und sein Gefolge hatten die Jahre über einen beträchtlichen Schuldenberg angehäuft. Der König übernahm diese Schulden. Da er aber keine Barmittel hatte, hielt er eine freundliche Ansprache an die Konstanzer, sie möchten doch nicht sein Tafelgeschirr als Pfand behalten, sondern er wolle ihnen schöne Decken und Polster zurücklassen, die er im nächsten Jahr auslösen wolle. Die Konstanzer gingen auf dieses Ansinnen leichtgläubig ein. Die Einlösung unterblieb, und viele Bürger verarmten, weil diese Pfänder wegen der eingestickten königlichen Wappen nicht zu veräußern waren.

Imperia von Peter Lenk aus dem Jahr 1993 am Konstanzer Hafen

Relikte und Erinnerungen

Was hinterließ das Konzil in Konstanz? Zu nennen wären hier eine Grabplatte im Konstanzer Münster samt Bildnis, die an den auf dem Konzil am 4. September 1417 verstorbenen Bischof Robert Hallum von Salisbury erinnert, sowie eine lateinische Inschrift im heutigen Inselhotel, dem ehemaligen Dominikanerkloster, die auf den hier bestatteten griechischen Humanisten Manuel Chrysoloras (gest. 13. April 1415) verweist.

Die Zeiten überdauert haben sodann Wandmalereien in der Augustinereremiten-, heute Dreifaltigkeitskirche, die erst im 20. Jahrhundert wiederentdeckt wurden und deren Anbringung König Sigismund persönlich im Mai 1417 zum Dank für die Bereitstellung eines Wohnhauses durch die Augustiner in Auftrag gegeben hatte. Unter vielen anderen Gestalten ist dort auch der heilige Sigismund mit auffälligen Ähnlichkeiten zu den Gesichtszügen des Konzils-Königs abgebildet.

Im weiteren Sinne durch das Konzil verschuldet ist das rote Band (Zagel) am oberen Rand des Stadtwappens. Es symbolisierte früher das Recht auf eigene Blutgerichtsbarkeit und wurde der Stadt im Anschluss an das Konzil von Sigismund verliehen.

Eine kleine Reminiszenz gibt es auch noch an einen anderen Dankeserweis Sigismunds, nämlich an das Privileg, den Jahrmarkt in der Stadt künftig als 14-tägige Messe abhalten zu dürfen, was als Grundstock der heutigen Konstanzer Messen angesehen werden kann. Andere ausgestellte Privilegien, etwa die Erlaubnis, Trompeter zu halten, haben keine Fortsetzung gefunden.

Last but not least ist es als Ergebnis des Konzils auch im heutigen Konstanz keine Frage, in wessen Papstes Gemeinschaft ein katholischer Gottesdienst gefeiert wird.

Neben diese Relikte des Konzils sind in den letzten Jahrzehnten viele Erinnerungsorte und Denkmäler getreten, die dem Besucher von Konstanz jene Zeit in den Sinn heben sollen, in der ganz Europa an den Bodensee blickte. In erster Linie sind hier natürlich das Münster und das Kaufhaus am See, das den Namen »Konzil« trägt, zu nennen. Daneben schmücken sich etliche Häuser mit Tafeln, die festhalten, dass ihre Mauern Konzilsprominenz beherbergten. An Jan Hus erinnern ein Museum in seinem Quartier unweit des Schnetztores und der Hussenstein am Ort seiner Hinrichtung. Darüber hinaus sind im Pflaster der Fußgängerzone Gedenkplaketten eingelassen.

Eines der jüngsten und zugleich provokantesten wie umstrittensten Erinnerungsmale, das wohl mehr über die Zeit seines Entstehens als über die Zeit des Konzils aussagt, steht am Hafen. Hier ragt seit 1993 die Statue *Imperia* des Bildhauers Peter Lenk aus dem Bodensee. Die Dame mit ihrem tiefgeschnittenen Dekolleté hält in ihren Händen zwei kleine nackte Figuren, die eine königliche Krone und die päpstliche Tiara tragen, während sie selbst eine Narrenkappe auf ihrem Haupt hat. Nach Lenk handelt es sich bei den beiden kleinen Männchen »nicht um den Papst und nicht um den Kaiser, sondern um Gaukler, die sich die Insignien der weltlichen und geistlichen Macht angeeignet haben. Und inwieweit die echten Päpste und Kaiser auch Gaukler waren, überlasse ich der geschichtlichen Bildung der Betrachter.« Die *Imperia* selbst erinnert mit ihrer freizügigen Kleidung an die rund 700 »Hübschlerinnen«, die laut Ulrich von Richental während des Konzils in die Stadt gekommen waren. Damit greift sie eine Tradition auf, die auf den französischen Schriftsteller Honoré de Balzac (1799–1850) zurückgeht. Dieser hat in seinen *Tolldreisten Geschichten* einer dieser Prostituierten, der schönen Imperia, ein literarisches Denkmal gesetzt. Schon Gustav Doré (1832–1883) und Lovis Corinth (1858–1925) hatten Balzacs Kurtisane bildnerisch dargestellt.

Und schließlich und endlich werden die Konstanzer auch durch zwei Partnerstädte an das Konzil erinnert. So einigten sich im norditalienischen Lodi, mit dem seit 1986 eine Partnerschaft besteht, König Sigismund und Papst Johannes XXIII., das

Konzil nach Konstanz einzuberufen. Und Tabor in der Tschechischen Republik, mit dem Konstanz schon seit 1984 verbunden ist, wurde 1420 von Hussiten gegründet, die hier ein Gemeinwesen auf biblischer Grundlage verwirklichen wollten.

Ausgewählte Literatur

Quellen

Buck, Thomas Martin (Hg.): Chronik des Konstanzer Konzils 1414–1418 von Ulrich Richtental. Konstanzer Geschichts- und Rechtsquellen 41. 2. Auflage, Ostfildern 2011.

Finke, Heinrich (Hg.): Acta Concilii Constansiensis. Münster 1896–1928.

Hardt, Hermann von der (Hg.): Magnum Oecumenicum Constantiense Concilium de universali ecclesiae reformatione, unione et fide. 4 Bde. Frankfurt am Main 1700–1742.

Miethke, Jürgen / Weinrich, Lorenz (Hg.): Quellen zur Kirchenreform im Zeitalter der großen Konzilien des 15. Jahrhunderts. Erster Teil: Die Konzilien von Pisa (1409) und Konstanz (1414–1418). Ausgewählte Quellen zur deutschen Geschichte des Mittelalters 38a. Darmstadt 1995.

Sieben, Hermann Josef (Hg.): Traktate und Theorien zum Konzil. Vom Beginn des großen Schismas bis zum Vorabend der Reformation (1378–1521). Frankfurter theologische Studien 30. Frankfurt am Main 1984.

Gesamtdarstellung / Sammelbände

Bäumer, Remigius (Hg.): Das Konstanzer Konzil. Wege der Forschung 415. Darmstadt 1977.

Ders. (Hg.): Von Konstanz nach Trient. Beiträge zur Geschichte der Kirche von den Reformkonzilien bis zum Tridentinum. Festgabe für August Franzen. München 1972.

Brandmüller, Walter: Das Konzil von Konstanz 1414–1418. Bd 1: Bis

zur Abreise Sigismunds nach Narbonne. Konziliengeschichte Reihe A: Darstellungen. 2. Auflage, Paderborn u. a. 1999.
Ders.: Das Konzil von Konstanz 1414–1418. Bd 2: Bis zum Konzilsende. Konziliengeschichte Reihe A: Darstellungen. Paderborn u. a. 1997.
Franzen, August (Hg.): Das Konzil von Konstanz: Beiträge zu seiner Geschichte und Theologie. Freiburg/Basel/Wien 1964.
Gill, Joseph: Konstanz und Basel-Florenz. Geschichte der ökumenischen Konzilien 9. Mainz 1967.
Hefele, Carl Joseph: Geschichte des Concils von Konstanz. Conciliengeschichte 7.1. Freiburg 1869.
Müller, Heribert: Die kirchliche Krise des Spätmittelalters. Schisma, Konziliarismus und Konzilien. Enzyklopädie deutscher Geschichte 90. München 2012.
Ders. (Hg.): Die Konzilien von Pisa (1409), Konstanz (1414–1418) und Basel (1431–1449). Institutionen und Personen. Vorträge und Forschungen 67. Ostfildern 2007.
Rollo-Koster, Joëlle / Izbicki, Thomas M. (Hg.): A companion to the great western schism (1378–1417). Brill's companions to the Christian tradition 17. Leiden/Boston 2009.
Schatz, Klaus: Allgemeine Konzilien. Brennpunkte der Kirchengeschichte. 2. Auflage, Stuttgart 2008.
Schelle, Klaus: Das Konstanzer Konzil 1414–1418. Eine Reichsstadt im Brennpunkt europäischer Politik. Konstanz 1996..
Smahel, Frantisek (Hg.): Geist, Gesellschaft, Kirche im 13.–16. Jahrhundert. Internationales Kolloquium, Prag, 5.–10. Oktober 1998. Colloquia mediaevalia Pragensia 1. Prag 1999.

Causa unionis

Alberigo, Giuseppe (Hg.): Christian unity. The Council of Ferrara-Florence 1438/39–1989. Bibliotheca Ephemeridum theologicarum Lovaniensium / Bibliotheca 97. Leuven 1991.

Frenken, Ansgar: Das Konstanzer Konzil (1414–1418) – ein concilium generale et universale? Eine aktuell gestellte Streitfrage auf dem Prüfstand der modernen Konzilsforschung. In: AHC 40, 2008, S. 323–360.

Girgensohn, Dieter: Ein Schisma ist nicht zu beenden ohne die Zustimmung der konkurrierenden Päpste. Die juristische Argumentation Benedikts XIII. (Pedro de Lunas). In: AHP 27, 1989, S. 197–247.

Leidl, August: Die Einheit der Kirchen auf den spätmittelalterlichen Konzilien von Konstanz bis Florenz. Paderborn 1966.

Miethke, Jürgen: Konziliarismus – die neue Doktrin einer neuen Kirchenverfassung. In: Hlavácek, Ivan (Hg.): Reform von Kirche und Reich zur Zeit der Konzilien von Konstanz (1414–1418) und Basel (1431–1449). Konstanz-Prager Historisches Kolloquium (11.–17. Oktober 1993). Konstanz 1996, S. 29–59.

Schneider, Hans: Die Siegel des Konstanzer Konzils. Ein Beitrag zur Geschichte der spätmittelalterlichen Reformkonzile. In: AHC 10, 1978, S. 310–345.

Wünsch, Thomas (1999): Minister, executor, caput civile – Der Papst im Kirchenverständnis der Konziliaristen. In: Smahel, Frantisek (Hg.): Geist, Gesellschaft, Kirche im 13.–16. Jahrhundert. Internationales Kolloquium, Prag, 5.–10. Oktober 1998. Colloquia mediaevalia Pragensia 1. Prag 1999,, S. 53–79.

Causa fidei

Boockmann, Hartmut: Johannes Falkenberg, der Deutsche Orden und die polnische Politik. Untersuchungen zur politischen Theorie des späteren Mittelalters. Veröffentlichungen des Max-Planck-Instituts für Geschichte 45. Göttingen 1975.

Hilsch, Peter: Johannes Hus (um 1370–1415). Prediger Gottes und Ketzer. Regensburg 1999.

Kejr, Jirí: Die Causa Johannes Hus und das Prozessrecht der Kirche. Regensburg 2005.
Vasold, Manfred: Frühling im Mittelalter. John Wyclif und sein Jahrhundert. München 1984.

Causa reformationis

Helmrath, Johannes: Reform als Thema der Konzilien des Spätmittelalters. In: Alberigo, Giuseppe (Hg.): Christian unity. The Council of Ferrara-Florence 1438/39–1989. Bibliotheca Ephemeridum theologicarum Lovaniensium / Bibliotheca 97. Leuven 1991, S. 75–152.
Hlavácek, Ivan (Hg.): Reform von Kirche und Reich zur Zeit der Konzilien von Konstanz (1414–1418) und Basel (1431–1449). Konstanz-Prager Historisches Kolloquium (11.–17. Oktober 1993). Konstanz 1996.
Patschovsky, Alexander: Der Reformbegriff zur Zeit der Konzilien von Konstanz und Basel. In: Hlavácek, Ivan (Hg.): Reform von Kirche und Reich zur Zeit der Konzilien von Konstanz (1414–1418) und Basel (1431–1449). Konstanz-Prager Historisches Kolloquium (11.–17. Oktober 1993). Konstanz 1996, S. 7–28.
Studt, Birgit: Papst Martin V. (1417–1431) und die Kirchenreform in Deutschland. Univ., Habil.-Schr. Münster (Westfalen), 2000. Forschungen zur Kaiser- und Papstgeschichte des Mittelalters 23. Köln 2004.

Regionalstudien

Cesalli, Laurent (Hg.): University, council, city. Intellectual culture on the Rhine (1300–1550); acts of the XIIth international colloquium of the Société Internationale pour l'Étude de la Philisophie Médiévale, Freiburg im Breisgau, 27–29 october 2004. Rencontres de philosophie médiévale 13. Turnhout 2007.

Maurer, Helmut: Konstanz im Mittelalter. Bd. 2: Vom Konzil bis zum Beginn des 16. Jahrhunderts. Geschichte der Stadt Konstanz 2. Konstanz 1996.

Peter, Hermann Georg: Die Informationen Papst Johanns XXIII. und dessen Flucht von Konstanz bis Schaffhausen. Freiburg 1926.

Schönenberger, Karl: Das Bistum Konstanz während des großen Schismas 1378–1415. Fribourg 1926.

Zeller, Joseph: Das Provinzialkapitel im Stifte Petershausen im Jahre 1417: ein Beitrag zur Geschichte der Reformen im Benediktinerorden zur Zeit des Konstanzer Konzils. In: Studien und Mitteilungen zur Geschichte des Benediktinerordens und seiner Zweige. 41 (1921/22), 1921, S. 1–73.

Diverse Einzeluntersuchungen

Beck, Otto: Konzils Weihnacht. München 1962.

Finke, Heinrich: Bilder vom Konstanzer Konzil. Neujahrsblätter der Badischen Historischen Kommission NF 6. Heidelberg 1903.

Frenken, Ansgar: Die Erforschung des Konstanzer Konzils (1414–1418) in den letzten 100 Jahren. In: AHC 25, 1993, S. 5–512.

Gregorovius, Ferdinand: Geschichte der Stadt Rom im Mittelalter, hg. von Waldemar Kampf. München 1978.

Miethke, Jürgen: Die großen Konzilien des 15. Jahrhunderts als Medienereignis: Kommunikation und intellektueller Fortschritt auf den Großtagungen. In: Cesalli, Laurent (Hg.): University, council, city. Intellectual culture on the Rhine (1300–1550); acts of the XIIth international colloquium of the Société Internationale pour l'Étude de la Philisophie Médiévale, Freiburg im Breisgau, 27–29 october 2004. Rencontres de philosophie médiévale 13. Turnhout 2007, S. 291–322.

Patschovsky, Alexander: Der italienische Humanismus auf dem Konstanzer Konzil (1414–1418). Konstanzer Universitätsreden 198. Konstanz 1999.

Chronologie des Konzils

1378	Beginn des abendländischen Schismas
1409	Konzil zu Pisa
9. Dezember 1413	Nach einem Treffen mit König Sigismund beruft Johannes XXIII. ein Konzil nach Konstanz ein.
5. November 1414	Das Konzil nimmt seine Arbeit auf.
8. November 1414	Sigismund wird in Aachen zum römischen König gekrönt.
Weihnachten 1414	Sigismund trifft in Konstanz ein.
März 1415	Die Gesandten des französischen Königs und die Pariser Gelehrten treffen ein.
20./21. März 1415	Flucht von Johannes XXIII. aus Konstanz
23. März 1415	Gerson hält seine Predigt »Ambulate dum lucem habetis [...]«
06. April 1415	Abstimmung über die Konstitution »Haec Sancta«
04. Mai 1415	Verurteilung von 45 Sätzen des englischen Theologen John Wycliff
29. Mai 1415	Endgültige Absetzung Johannes' XXIII. und Überstellung in den Gewahrsam Sigismunds.
04. Juli 1415	Gregor XII. dankt fast 90-jährig würdig ab, nachdem er das Konzil neu einberufen hatte. Die Dinge, die er kanonisch und vernünftig durchgeführt hatte, werden vom Konzil ratifiziert.
06. Juli 1415	Verurteilung und Verbrennung von Jan Hus. Grundsätzliche Verurteilung des Tyrannenmordes.
26. Juli 1417	Absetzung Benedikts XIII.
09.Oktober 1417	Das Dekret Frequens wird verabschiedet.
08.November 1417	Beginn des Konklaves
11. November 1417	Kardinal Oddo Collona wird zum Papst Martin V. gewählt.
21. März 1418	Verabschiedung von sieben Reformdekreten
22. April 1418	45. und letzte Sitzung des Konzils

Kleine Geschichte des Protestantismus in Baden

Kleine Geschichte des Protestantismus in Baden

von Georg Gottfried Gerner-Wolfhard

264 Seiten mit 41 Abbildungen
Zahlreiche Informationskästen und ein kommentiertes Literaturverzeichnis
Format: 12,0 x 20 cm, gebunden

ISBN: 978-3-7650-8437-9

Kompetent und verständlich erzählt Georg Gottfried Gerner-Wolfhard in diesem Band die Geschichte des Protestantismus in Baden. Er lässt er die Geschichte lebendig werden und beschreibt unter anderem

- Martin Luthers Aufenthalt in Heidelberg
- die Anfänge der Reformation in der Kurpfalz und in der Markgrafschaft Baden
- das Zeitalter des Konfessionalismus und Veränderungen bis zum 19. Jahrhundert
- die Kirchenunion und die Entwicklungen vor dem Ersten Weltkrieg
- den evangelischen Kirchenkampf im 20. Jahrhundert
- den Aufbruch in die Moderne

DER KLEINE BUCH VERLAG